短篇小说巨匠

契诃夫

郭艳红◎编著

辽海出版社

图书在版编目(CIP)数据

短篇小说巨匠契诃夫/郭艳红编著.—沈阳:辽海出版社,2017.6
ISBN 978-7-5451-4147-4

Ⅰ.①短… Ⅱ.①郭… Ⅲ.①契诃夫(Chekhov, Anton Pavlovich 1860-1904)-传记 Ⅳ.①K835.125.6

中国版本图书馆 CIP 数据核字(2017)第 137233 号

责任编辑:孙德军
封面设计:李　奎

出版者:辽海出版社
　地　　址:沈阳市和平区十一纬路 25 号
　邮　　编:110003
　电　　话:024-23284381
　E-mail: dszbs@mail.lnpgc.com.cn
　http://www.lhph.com.cn
印刷者:北京一鑫印务有限责任公司
发行者:辽海出版社

幅面尺寸:155mm×220mm
印　　张:14
字　　数:218 千字

出版时间:2017 年 7 月第 1 版
印刷时间:2017 年 8 月第 1 次印刷
定　　价:29.80 元

《世界名人传记文库》编委会

主　编　　游　峰　　姜忠喆　　蔡　励　　竭宝峰　　陈　宁　　崔庆鹤
副主编　　闫佰新　　季立政　　单成繁　　焦明宇　　李　鸿　　杜婧舟
编　委　　蒋益华　　刘利波　　宋庆松　　许礼厚　　匡章武　　高　原
　　　　　　袁伟东　　夏宇波　　朱　健　　曹小平　　黄思尧　　李成伟
　　　　　　魏　杰　　冯　林　　王胜利　　兰　天　　王自和　　王　珑
　　　　　　谭　松　　马云展　　韩天骄　　王志强　　王子霖　　毕建坤
　　　　　　韩　刚　　刘　舫　　宫晓东　　陈　枫　　华玉柱　　崔　武
　　　　　　王世清　　赵国彬　　陈　浩　　芝　羿　　姜钰茜　　全崇聚
　　　　　　李　侠　　宋长津　　汪　裴　　张家瑞　　李　娟　　拉巴平措
　　　　　　宋连鸿　　王国成　　刘洪涛　　安维军　　孙成芳　　王　震
　　　　　　唐　飞　　李　雪　　周丹蕾　　郭　明　　王毓刚　　卢　瑶
　　　　　　宋　垣　　杨　坤　　赖晖林　　刘小慈　　张家瑞　　韩　兆
　　　　　　陈晓辉　　鲍　慧　　魏　强　　付　丽　　尹　丛　　徐　聪
　　　　　　主勇刚　　傅思国　　韩军征　　张　铧　　张兴亚　　周新全
　　　　　　吴建荣　　张　勇　　李沁奇　　姜秀云　　姜德山　　姜云超
　　　　　　姜　忠　　姜商波　　姜维才　　姜耀东　　朱明刚　　刘绪利

	冯　鹤	冯致远	胡元斌	王金锋	李丹丹	李姗姗
	李　奎	李　勇	方士华	方士娟	刘干才	魏光朴
	曾　朝	叶浦芳	马　蓓	杨玲玲	吴静娜	边艳艳
	德海燕	高凤东	马　良	文　夫	华　斌	梅昌娅
	朱志钢	刘文英	肖云太	谢登华	文海模	文杰林
	王　龙	王明哲	王海林	台运真	李正平	江　鹏
	郭艳红	高立来	冯化志	冯化太	危金发	仇　双
	周建强	陈丽华	叶乃章	何水明	廖新亮	孙常福
	李丽红	尹丽华	刘　军	熊　伟	张胜利	周宝良
	高延峰	杨新誉	张　林	魏　威	王　嘉	陈　明
总编辑	马康强	张广玲	刘　斌	周兴艳	段欣宇	张兰爽

总　序

我们每个人心中都有自己崇拜的名人。这样可以增强我们的自信心和自我认同感，有益于人格的健康发展。名人活在我们的心里，尽管他们生活在不同的时代、不同的国度、说着不同的语言，却伴随着我们的精神世界，遥远而又亲近。

名人是充满力量的榜样，特别是当我们平庸或颓废时，他们的言行就像一触即发的火药，每一次炸响都会让我们卑微的灵魂在粉碎中重生。

名人带给我们更多的是狂喜。当我们迷惘或无助时，他们的高贵品格就如同飘动在高处的旗帜，每次招展都会令我们幡然醒悟，从而畅快淋漓地感受生命的真谛。只要我们把他们视为精神引领者和行为楷模，就会不由自主地追随他们，并深刻感受到精神的强烈震撼。

当我们用最诚挚的心灵和热情追随名人的足迹，就是选择了一个自我提升的最佳途径，并将提升的空间拓展开来。追随意味着发现，发现名人的博大精深，发现时代赋予我们的使命，发现最真实的自我；追随意味着提升，置身于名人精神的荫蔽之下，我们就像藤蔓一般沿着名人硕大粗壮的树干攀援上升，这将极大地缩短我们在黑暗中探索的时间，从而踏上光明的坦途。

不要说这是个崇尚独立思考的年代，如果我们缺乏敬畏精神，那么只能让个性与自由的理念艰难地生长；不要说这是个无法造就伟人的年代，生命价值并不在于平凡或伟大。如果在名人的引领下，读懂平凡世界中属于自己的那本书，就能够成为最好的自己。

名人从芸芸众生中脱颖而出，自有许多特别之处。我们追溯名人成长的历程，虽然每位人物的成长背景都各不相同，但或多或少都具有影响他们人生的重要事件，成为他们人生发展的重要契机，并获得人生的成功。

名人有成功的契机，但他们并非完全靠幸运和机会。机遇只给有准备的人，这是永远的真理。因此，我们不要抱怨没有幸运和机遇，不要怨天尤人，我们要做好思想准备，开始人生的真正行动。这样，才会获得人生的灵感和成功的契机。

我们说的名人当然是指对世界和人类做出突出贡献的伟大人物，他们包括著名的政治家、军事家、发明家、文学家、艺术家、思想家、哲学家、企业家等。滚滚历史长河，阵阵涛声如号，是他们，屹立潮头，掀起时代前进的浪花，浓墨重彩地描绘着人类的文明和无限的未来，不断开创着辉煌的新境界和新梦想，带领我们走向美好的明天。

政治家是指那些在长期政治实践中涌现出来的具有一定政治远见和政治才干、掌握权力，并对社会发展起着重大影响作用的领导人物。军事家是指对军事活动实施正确指引或是擅长具体负责军事行动实施的人，一般包括战略军事家和战术军事家。

政治家、军事家大多充满了文韬武略，能够运筹帷幄，曾经叱咤风云，纵横天地，创造着世界，书写着历史，不断谱写着人类的辉煌篇章，为人们留下了许多宝贵的精神财富和物质财富。

科学发明家是指专门从事科学研究和发明，并做出了杰出贡献的人士。他们从事着探索未知、发现真相、追求真理、改造世界和造福人类的大学问。他们都有献身、求实、严谨和持之以恒的精神，都具有一颗好奇心。从好奇心出发，他们希望探知事物规律，具有希望看到事物本质一面的强烈意识与探索激情。还有就是他们都有恒心，他们在科学研究中不断努力，努力，再努力，锲而不舍，具有永不止步的追求精神。

文学家是指以创作文学作品为自己主要工作的知名人士和学者等。其中，诗人是指诗歌的创作者，小说家指小说创作者，散文家指散文创作者，而文学家则是指在诗歌、小说、散文、戏剧等各种文学体裁领域均取得一定成就的创作者，他们是人类精神财富的创造者。

艺术家是指具有较高审美能力和娴熟创作技巧并从事艺术创作劳动而具有一定成就的艺术工作者。进行艺术作品创作活动的人士，通常指在绘画、表演、雕塑、音乐、书法及舞蹈等艺术领域具有比较高的成就，并具有了一定美学造诣的人。他们是生活中美的发现者和创造者，极大地丰富着我们的生活。

哲学家、思想家是指对客观现实的认识具有独创见解并能自成体系的人士。思想主要是用言语和符号来表达的，而致力于研究思想并且形成思想体系的人就是哲学家、思想家。他们用独到的思想解决生活中遇到的问题，且在此过程中逐渐认识自我与宇宙，以此解决人们思想认识上矛盾迷惑的问题。他们是我们人类灵魂的工程师，塑造着我们的人格，探讨所有人类重要的问题和观念，并创造出一种思考和思想的能力，闪烁着智慧的光芒，照耀着人类前进的步伐，推动着人类思想和精神不断升华，使人类不断摆脱低级状态，不断走向更高境界。人是有思想和精神的高级动物，因此，哲学家和思想家是人类不可或缺的，是我们人类的伟大导师。

企业管理家是最直接创造财富的人。他们创造物质财富，推动社会不断进步，使得人们更加幸福。财富虽然只是一个象征，但它与人们的生活、国家的发展、民族的强盛等息息相关。企业家也创造巨大的精神财富，他们在追求财富过程中所表现出来的创新、冒险、合作、敬业、学习、执著、诚信和服务等精神，是我们每一个人学习的榜样。

我们追踪这些名人成长发展过程中的主要事件，就会发现他们在做好准备进行人生不懈追求的进程中，能够从日常司空见惯的普通小事上，碰撞出思想的火花，化渺小为伟大，化平凡为神奇，从而获得灵感和启发，获得伟大的精神力量，并进行持久的人生追求，去争取获得巨大的成功。

影响名人成长的事件虽然不一样，但他们在一生之中所表现出来的辛勤奋斗和顽强拼搏的精神，则大同小异。正如爱迪生所说："伟大人物最明显的标志，就是他们拥有坚强的意志，不管环境怎样变化，他们的初衷与希望永远不会有丝毫的改变，他们永远会克服一切障碍，达到他们期望的目的。"

爱默生说："所有伟大人物都是从艰苦中脱颖而出的。"因此，伟大人物的成长也具有其平凡性。正如日本著名歌人吉田兼好所说："天下所有伟大人物，起初都是很幼稚且有严重缺点的，但他们遵守规则，重视规律，不自以为是，因此才成为名家并进而获得人们的崇敬。"所以，名人成长也具有其非凡之处，这才是我们应该学习的地方。

英国著名哲学家培根说："用伟大人物的事迹激励青少年，远胜于一切教育。"为此，本套作品荟萃了古今中外各行各业最具有代表性的名人，阅读这些名人的成长故事，探知他们的人生追求，感悟他们的思想力量，会使我们从中受到启迪和教育，让我们更好地把握人生的关键，让我们的人生更加精彩，生命更有意义。

简 介

安东·巴甫洛维奇·契诃夫（Антон Павлович Чехов，1860~1904），俄国小说家、戏剧家、19世纪末期俄国批判现实主义作家、短篇小说艺术大师。1860年1月17日生于罗斯托夫省塔干罗格市。

契诃夫出生于小市民家庭，父亲的杂货铺破产后，契诃夫只身留在塔干罗格，靠当家庭教师读完中学。

1879年契诃夫进入莫斯科大学医学系。1884年毕业后在兹威尼哥罗德等地行医，并开始文学创作。他广泛接触平民和了解生活，这对他的文学创作有良好影响。

1890年4月至12月，体弱的契诃夫不辞辛劳、长途跋涉，去沙皇政府安置苦役犯和流刑犯的库页岛游历，对那里的所有居民"将近10000个囚徒和移民"逐一进行调查。库页岛之行提高了他的思想觉悟和创作意境，使他创作出表现重大社会课题的作品。

在1890年至1900年间，契诃夫曾去米兰、威尼斯、维也纳和巴黎等地疗养和游览。从1892年起，他定居在新购置的莫斯科省谢尔普霍夫县的梅里霍沃庄园并转向戏剧创作。1898年，身患严重肺结核病的契诃夫迁居雅尔塔。1901年他同莫斯科艺术剧院的演员奥尔加·克尼碧尔结婚。

19世纪90年代和20世纪初期是契诃夫创作的全盛时期。当时俄国的解放运动进入无产阶级革命的新阶段。在革命阶级的激昂情绪激荡下，学生以及其他居民阶层中的民主精神渐趋活跃。1904年7月2日契诃夫因肺病恶化而辞世。

契诃夫创造了一种风格独特、言简意赅、艺术精湛的抒情心理小说。他截取片段平凡的日常生活，凭借精巧的艺术细节对生活和人物作真实描绘和刻画，从中展示重要的社会内容。这种小说抒情气味浓郁，抒发他对丑恶现实的不满和对美好未来的向往，把褒扬和贬抑、欢悦和痛苦之情融化在作品的形象体系之中。

契诃夫早期作品多是短篇小说，《胖子和瘦子》《小公务员之死》《苦恼》《万卡》等，表现了小人物的不幸和软弱、劳动人民的悲惨生活和小市民的庸俗猥琐。

契诃夫戏剧创作的题材、倾向和风格与他的抒情心理小说基本相似。他不追求离奇曲折的情节，他描写平凡的日常生活和人物，从中揭示社会生活的某一重要问题。在契诃夫创作的剧作中，具有十分丰富的潜台词和浓郁的抒情味，他作品中所表现的现实主义，具有强大的鼓舞力量和深刻的象征意义。

契诃夫的代表作《变色龙》《套中人》堪称俄国文学史上精湛而完美的艺术珍品。前者成为见风使舵、擅于变相、投机钻营者的代名词；后者成为因循守旧、畏首畏尾、害怕变革者的符号象征。契诃夫以卓越的讽刺幽默才华为世界文学人物画廊中增添了两个不朽的艺术形象。

契诃夫在世界文学史上占有自己的位置。他以短篇小说和法国的莫泊桑、美国的欧·亨利并称为"世界三大短篇小说巨匠"。欧美许多作家都肯定了契诃夫的创作对20世纪世界文学的影响。

目　录

- 老板的儿子像学徒 …………………… 001
- 苦中作乐热爱自然 …………………… 007
- 爱上戏剧表演 ………………………… 012
- 尝试文学创作 ………………………… 016
- 家业破产独守故乡 …………………… 020
- 支撑家庭危机 ………………………… 026
- 首次发表作品 ………………………… 034
- 为了养家艰苦写作 …………………… 037
- 巧遇莱金加盟《花絮》 ……………… 040
- 突破陈规大胆创新 …………………… 045
- 探索新的表现手法 …………………… 050
- 一边行医一边创作 …………………… 054
- 决心弃医从文 ………………………… 062
- 创作一流的作品 ……………………… 067
- 震惊文坛的《草原》 ………………… 074
- 尝试剧本创作 ………………………… 081
- 获得"普希金奖金" ………………… 087

哥哥去世思考人生	090
去库页岛体验生活	095
调查收获丰富	105
离开城市居住乡村	113
创作《第六病室》	119
《海鸥》引起轰动	126
新剧再获成功	141
患病离开庄园	145
为养病移居雅尔塔	152
与高尔基真诚相见	159
戏剧辉煌	169
迟到的婚恋	176
投入革命风暴	186
最后的戏剧杰作	192
英年早逝	202
附：年　谱	210

老板的儿子像学徒

1860年1月17日,安东·巴甫洛维奇·契诃夫诞生于俄国南方亚速海沿岸的一个小镇塔干罗格。安东的爱称叫安托沙。

契诃夫的祖辈是农民。他的祖父——一个勤劳的农民,凭着勤俭积蓄了3500个卢布,他用这笔钱换得了一家8口人的自由。于是全家从佛索涅日省迁到了俄国南方。随后,祖父在塔干罗格附近的普拉托夫伯爵家做了田庄总管。

小镇上有一条平静、长满青草的小街,叫修道院街。在夹道的两排房子中间,有一所小小的两层楼房,门口有一个牌子,牌子上写着:

移民住宅——巴·叶·契诃夫

上面标示的名字是安东·契诃夫的父亲巴维尔·叶戈洛维奇·契诃夫。

安托沙就在这所房子里度过了他的童年。

在修道院街与集市街拐角处,有一个杂货铺,门口挂着牌子:

出售茶叶、砂糖、咖啡及其他食品杂货。

旁边还有一块牌子:

饮料就地畅饮或携回,随君任选。

这家店铺是安托沙的父亲开的,他也像安托沙的祖父一样勤劳,把辛辛苦苦挣下的钱一点点积攒下来,终于有了自己的门店。

安托沙的母亲欧尼·莫洛索娃是塔干罗格城里一个布商的女儿。婚后她改名为叶甫盖尼亚·雅科甫列芙娜。

安托沙还有4个同胞兄弟和一个妹妹,分别是亚历山大、尼古拉、伊凡、米舍尔和玛丽雅。安托沙排行第三。

一转眼安托沙9岁了,已经成为塔干罗格语法学校一年级的学生。

这时,父亲巴维尔已经变成一个脾气暴躁、专横的人。他一向认为,自己是按照上帝的旨意行事,同上帝有着特殊关系,因而给家里规定了铁的纪律。只要他提高嗓门,他的妻子和儿女们就都吓得发抖。他一出现,每个人都感到自己可能有了什么过错。

哪怕他们无意中做错了一件小事,巴维尔也会怒不可遏,比画着双手骂个不停,接着便暴跳如雷,拳打脚踢,耳光像雨点一样落下。他甚至还会捋起衣袖,抡起皮鞭。

每次挨完打,安托沙还得忍着屁股的疼痛,去吻父亲那只狠狠教训过他的手。

其实，巴维尔对子女的这种惩罚并没有恶意，他也几乎从没有真正发怒，只是以自己的方式爱护孩子，认为严厉一些对他们有好处。他的原则是："小孩子要能吃苦，应该多受磨难。生活是不容易的，精神教育与棍棒是分不开的。只有责骂和痛打，才能使这些没有阅历的孩子铭记神圣的真理。"

他还对妻子说："我就是这样被培养出来的。你看，这种办法对我不是很有成效吗？一个挨过打的抵得上两个没挨过打的。今天挨了打，日后他会感谢你的。"

巴维尔舍不得花更多钱，因此只雇了两个农民的孩子安德留什卡和加甫留什卡做学徒，他们是兄弟俩。这样一来，安托沙兄弟几个就成了铺子里打杂的。

安托沙从5岁就开始站柜台、应酬顾客、收款、打算盘……，起先还觉得新鲜好玩，不久便成了负担。

安托沙兄弟几个每天醒来的第一个念头就是："今天会不会挨打？"

每天清晨5时，大哥亚历山大、二哥尼古拉便会喊："安托沙，起床了，快点！要开门营业了。"

安托沙还没睡够呢，他打了个呵欠，想偎在被窝里再缓一会儿。

突然，一只大手揪着他的耳朵把他拽起来，随后，身上就挨了两脚。同时被大吼声惊醒："快起来，懒虫！"

尤其是上了学之后，父亲仍然要安托沙在晚上和假日照顾店铺。这样，他一会儿要称干酪，一会儿又要斟石蜡油，根本没有时间专心读书，作业也只有尽力偷闲应付。

有一次，安托沙和一位要好的同学闲聊，他向好友提出的第一个问题就是："你在家里时常挨揍吗？"

对方很爽快地说:"不,我在家从来没有挨过打。"

安托沙感到非常惊讶,并认为他是在撒谎。

从早至晚,安托沙盯着拉丁语法书,心里却在默默祈祷:但愿这一天能平平安安地过去。

晚上,他回到家正准备做作业。这时,随着一阵脚步声,巴维尔走了进来:"安托沙,我有事出去,你到店里去,不能出半点差错。"

安托沙顿时眼里含着眼泪,他小声请求:"店里太冷,我从学校出来一直在发抖。"

"不要紧,多穿点儿就不冷了!"

"我今天还有好多功课要看呢!"

"到店里去嘛,我每天在柜台里还能抽空读两章《圣诗》呢!你功课不好是因为自己偷懒、贪玩、不用心。快去吧,别磨蹭了!"

安托沙乖乖地放下笔,跟着父亲出门。

到了店铺,巴维尔吩咐安托沙站到柜台后面,自己在商店保护神的圣像前画了几次十字,然后迈着沉重的步伐走了出去,回头把门关上。

安托沙擦着眼泪和鼻涕,坐在肥皂箱上,打开拉丁语法书,开始做作业。

安德留什卡兄弟蹦跳着取暖,与进进出出的顾客们讨价还价。各种声音在低低的天花板下面回响着,吵得安托沙根本无法安心思考。

顾客有的到商店边上的一间小屋里喝伏特加酒。有些常客把这个堆满灰尘、不断散发出臭味的地方当成他们的俱乐部。他们每晚都攥着酒瓶谈天说地。

严寒漫长的冬夜慢慢深了，铺子里冷冷清清。安托沙伏在柜台上做功课。

由于父亲催得急，安托沙没来得及加衣服，只穿着一件又瘦又小的棉制服和一双露出脚趾的皮套鞋。铺子里冷得像冰窖，他被冻得浑身发抖。

商店从早晨5时一直营业至晚上23时，而厕所搭在1000米外的一片空地上。安托沙起身去厕所，却迎面与一个流浪汉撞在一起，他大吃一惊，飞快地跑了回来。

这时候店里没有顾客，两个小学徒冻得鼻子通红，两手乌青。他们缩着脖子，揣着手，不时地用一条腿磕打另一条腿，似乎这样可以暖和一点。

又过了一会儿，见没有人来，安德留什卡兄弟干脆缩在屋角的肥皂箱上，全身蜷成一团，像两只小猫一样打起盹来，不一会儿就鼾声大作了。

安托沙也把双手插进衣袖，脚趾蜷缩在长筒靴里，想到明天课堂上得不到好分数，慢慢地感到忧虑和害怕，他甚至变得麻木了。

最后，在门口望风的加甫留什卡闯进来喊："你爸爸回来了！"

安托沙赶紧站了起来，努力瞪大了困倦的眼睛，心里充满了恐惧，做好了挨训的准备。

巴维尔走了进来，笨重的身躯，宽阔的肩膀，灰黑的胡须，浓密的眉毛，目光严厉地巡视了一下店铺，接着查看账本。

安托沙屏住呼吸，担心算错了账挨打……

"怎么样，卖了多少钱？"

"还行，爸爸，已经卖了两个卢布了。"

巴维尔检查完毕，脸色平和，看来没有差错，谢天谢地！

"爸爸，我可以走了吗？"

"去吧，可要好好做功课，不许淘气，不然的话……"

回到家里，安托沙已经筋疲力尽，都快被冻僵了，母亲赶快过来安慰他。

母亲经常因为孩子们的事挨巴维尔的粗暴对待。她连续生育了6个孩子，还要操持家务，简直不堪重负了。

安托沙记忆里，一直是她在厨房里忙碌，或驼着背坐在缝纫机前的身影。她抱怨孩子们穿得太费，长得太快，总是为6个孩子的吃饭穿衣操心。而丈夫却一直指责她不会操持家务。

安托沙没少挨打，鞭子抽的伤痕会慢慢痊愈，而心灵的创伤却永远不能愈合。不过后来他还是原谅了父亲，他认识到父亲身上的这些缺点，是由于当时生活艰难，在所难免。

苦中作乐热爱自然

巴维尔是一个虔诚的宗教徒，他把最好的时间都用于读《圣经》和做祈祷。但他去做礼拜，感兴趣的并不是基督教义，而是那些神秘而优美的礼拜仪式、光辉夺目的烫金圣像、闪闪发光的祭袍、旋律悦耳的赞美歌以及跪拜、画十字和燃香的芬芳。

其实，巴维尔是个多才多艺的人，他热情奔放，很有才华，喜欢热闹的场面。他小时候在村里的教堂做礼拜时唱过圣诗，于是爱好上了鼓乐，他虽然没有上过学，但通过自修学会拉小提琴和手风琴，还酷爱绘画，对圣像画艺术还有些研究。

他决心把自己音乐、绘画的天赋都传给自己的孩子。

每逢大的节日，不管严寒风雪，不管道路泥泞，三更半夜他都要把一个个孩子从热被窝里拉起来，到教堂去做早弥撒。

由于东正教堂里没有座位，孩子们得连续站几个小时，礼拜仪式的庄严气氛使他们目瞪口呆。

巴维尔还要求每一个孩子学会一套手艺。每天傍晚，他总是要和二儿子尼古拉表演几段小提琴二重奏，让女儿玛丽雅钢琴伴奏。

而他却命令安托沙说："老三，你学做一名裁缝好了。"

安托沙听了心中暗暗叫苦，但他敢怒不敢言。他心里一急，竟干咳起来，直觉胸中一热，涌出了一口血。

巴维尔尤其喜欢庄严肃穆的宗教歌曲。当了店老板之后，他最大的嗜好就是到教堂唱诗，后来还亲自组织了一个教堂唱诗班，他当领唱人。

巴维尔努力想把自己的唱诗班办成全城首屈一指的，他从铁匠中物色了十多名有些功底的人，他们都身强力壮、声音洪亮、热情很高，而且异常虔诚。他们白天抢着大锤干活，晚上聚集在巴维尔的店里练唱。

巴维尔的唱诗班走遍塔干罗格的各个教堂，义务唱诗，不取分文。虽然他们的歌喉令人不敢恭维，但是各教堂的神甫们都十分欢迎这个不用花钱的唱诗班。

铁匠们唱的都是低音，所以班子里缺少一个清脆的童声唱中音和最高音部。那个唯一的小伙子只好用刺耳的假嗓子唱最高音部，人们听了都挖苦说："这不是唱诗，这还是打铁的声音。"

巴维尔出于自尊心，为健全自己的唱诗班，果断地强迫自己的3个儿子全部参加唱诗班的高音部和中音部。亚历山大和尼古拉担任第一和第二女高音角色，安托沙担任次女低音角色。

孩子们虽然对唱诗不感兴趣，但父命是不敢违的。每天规定练唱的时间，晚上22时，全体成员准时集合，一直唱至深夜24时。

安托沙是里面最小的，他刚上中学，体质又弱。而且每天放学都有做不完的作业，还要经常去店里值班，晚上练习合唱的时候，眼睛早就睁不开了。

巴维尔作为父亲，是要让孩子们从小养成刻苦耐劳的习惯和尽义务、负责任、守纪律的良好精神，成为真正有教养的人。尽管家庭不富裕，但也要让他们上学、学外语、学画画、唱歌……

因此，安托沙兄妹几个不仅多才多艺，而且刚刚十多岁时就能说一口流利、标准的法语了。同时，安托沙的母亲叶甫盖尼亚也喜欢文艺，她出身商家，读过书，年轻时还写点小故事之类的东西。

听母亲讲故事是安托沙兄妹幼年时代最大的乐事。母亲小说中那生动的人物形象，故事中那曲折的情节，旅程中那真实的细节，把孩子们的心都紧紧地抓住了。

母亲性格温柔，心地善良，她讲的故事中，也都突出表现心地善良的小人物，他们无权无势，自尊自强。

学校和家庭、店铺的气氛虽令安托沙兄妹感到苦闷和恐怖，但他们并没有陷入痛苦中无法自拔，而是自己想办法开心，用玩笑逗乐，用恶作剧去缓解、改变这种郁闷、窒息的感觉。

塔干罗格的夏天干热难熬。兄弟几个从早至晚光着膀子，夜间在院子里支个棚子睡觉。安托沙睡在他自己亲手栽种的葡萄架的绿荫之下，自封是"无花果下的约伯"。他还在葡萄架下写诗、编故事。

天气热得受不了时，兄弟们几乎天天到海滨游泳。他们最常去的地方叫沐浴坡，那里海岸平缓，从岸边至少要走出1500米，海水刚好齐脖子深。

他们邀上一大群孩子们一泡就是几个小时，安托沙还每次都带上他那两只心爱的黑狗。

他们也常去海湾捕鱼，不但带着渔具，还要带上一口大锅，捉到鱼后就地煮熟，美美地吃一顿。有一次，他们捉了365条鱼，这下他们可乐坏了。安托沙还说："一天吃一条，正好可以吃一年。"

他们除了捕鱼，还在岸边观看来往的船只，有时也下海游泳，并抓住船的缆绳和锚链。有一次，安托沙的额头碰到了海底的尖石，从此额头左边留下了一记终身不掉的伤疤。

傍晚，他们从海湾回家，沿途捡拾着从过路的大车上掉下来的榛子、核桃等，等他们回到家里时，肚子已经吃饱，口袋也装得满满的。

安托沙还从图书馆里找来好多滑稽故事，在同学面前大声诵读，读得绘声绘色，逗得大家哈哈大笑，而他却若无其事，故作严肃。

他还经常模仿老师或同学的神态举止、说话腔调，同学们乐得眼泪都出来了，有的抱着椅子不敢动，怕一动就乐得摔下去。

安托沙的即兴表演不仅在课堂上，在家里也时有展示。就连成天阴沉着脸的巴维尔，有时也在吃饭后忍不住会提议说："老三，来，给我们大家表演一个吧！"

安托沙故意装作苦苦思索："演个什么呢？这可是个难题。"

巴维尔着急地说："什么都行，随便来一个让大家乐乐。"

安托沙沉思着说："那就来一个老夫子念白吧！"

全家人马上哄然叫好，并热烈地为他鼓掌。

安托沙站在"观众"们面前，他郑重地整了整衣领，又咳嗽了两声，然后就模仿着老夫子的动作，高声地朗诵起一段文章来。

大家都被逗得前仰后合，互相推搡着。

母亲不停地拿围裙擦着欢喜的眼泪。父亲则高兴地赞叹道："真有你的，老三，你不愧是我的儿子，是块当演员的好材料。"

还有一次，他扮演一位蹩脚的牙医，让大哥演患者，他十分缓慢而笨拙的动作和丰富的表情,把"观众"们逗得哄堂大笑。

安托沙还喜欢即兴表演模仿各种议会上的官员们。有一次,他扮演"沙皇日"在大教堂里主持庆贺典礼的市长。他那惟妙惟肖的表演,形象地演出了一个扬扬得意、妄自尊大的人物。

安托沙还很爱给兄弟们起外号,他管二哥尼古拉叫"斜眼儿",管大哥亚里山大叫"歪鼻",而叫四弟伊凡为"狮子头小狗"。

爱上戏剧表演

1873年暑假，叶甫盖尼亚带着6个孩子去探望住在乡下的祖父和祖母。那里离塔干罗格大约100千米，这次愉快的草原之行，使孩子们终生难忘。

他们租了农民的一辆结实的四轮大马车。父亲巴维尔由于要留在家里照看店铺不能一起去，他虽然表现得很遗憾，但孩子们却都在心里喊着："太好了！"

临上路时，巴维尔不停地嘱咐大家。而大家一边口头应付着，一边和妈妈挤上了马车。

大车缓缓前行，一路颠簸着，6个孩子和母亲在车里相互碰撞着，互相取笑着，高兴极了。

大车"吱吱嘎嘎"地行驶着，后面扬起了阵阵灰尘，烈日下，一望无际的平原就像海洋，在微风吹拂之下，翻起层层波浪。

每到一处，大家就下车休息。他们在路边野餐、到池塘游泳、在草垛上打滚儿，在客栈里或露天围着篝火过夜。安托沙裹着大衣，凝视着火焰和万里无云的天空，呼吸着野草和烟熏的清香，尽情地享受夜色的宁静，心中无比兴奋、快乐。

两天之后，他们终于到达了祖父家。祖父领着他们在大花园里奔跑、爬树，或到河里游泳。甚至，他们还多次跟着祖父到田间收割庄稼。

秋天回来之后，安托沙生命中发生了一件大事——他第一次去剧场看了戏剧。

景色秀丽的塔干罗格自古以来就负有"音乐之城"的美名。这里民歌尤为盛行，因为当地居民大多是能歌善舞的乌克兰人。并且它又是个与外国通商的港口，有许多意大利和希腊的商人。意大利的剧团经常来演出一些著名的歌剧，如《塞维勒的理发师》《茶花女》等。

安托沙虽然无数次经过彼德罗夫斯卡亚大街上的剧院门口，但还从来没进里面看过戏剧。因为当时学校有规定：中学生未经校长的批准，不准进剧院看戏。

第一次看戏，当帷幕拉开时，安托沙简直惊呆了！

当时台上演的是奥芬巴赫的俄罗斯轻歌剧《美丽的叶莲娜》。

安托沙深深被舞台上的布景、灯光和演员的服饰吸引住了：硬纸板做成的大理石圆柱；蓝色的幕布展现出浩渺的天空；折射在天幕上的灯光变幻出美丽的彩霞；演员穿的服装令人眼花缭乱……

这出歌剧使他非常兴奋和激动。在回家的路上，剧中的情节一直萦绕在他的脑海中。回到家以后，他就回味起歌剧里的各个角色来。

从此，他抛弃了童年时的游戏，也忘记了去捕鱼、到墓地里玩耍，他再也离不开戏剧，离不开剧场了。他完全沉醉于戏剧的激情之中。

而且他还发现，来看戏的都是一些有钱有势的显赫人物，他心想："呀，这么多的人都来看戏，都为一名演员喝彩，做演员可真了不起，将来我呀……"

于是，按捺不住兴奋的安托沙就与具有喜剧才能的兄弟妹妹组建了自己的剧团，他们在亲戚、朋友和邻居们这些热心观众面前演出。他亲自参加演出的第一个戏是《钦差大臣》。

演出那天，他和两个哥哥很早就把杂货铺隔壁放木柴的小屋打扫干净，并用木板铺垫成舞台，拉一根绳，上面搭上被单当帷幕。而且这次，父亲还破例允许他们多点了几根蜡烛。

"观众"们都赶来了，演出正式开始。

安托沙扮演戏中的省长角色，他挺着僵硬的脖子，穿上带着锃亮铜纽扣的节日制服，腰上挎着一把马刀，为了增加风度和派头，还用坐垫在衣服里把肚皮垫得鼓起来，胸前挂满了纸板做成的勋章。

他瞪圆了眼睛，鼓着嘴，鼻音很重地说："嗯，我是谁？你不知道，我就是本省的省长，记住了？"他演得滑稽极了，使"观众"笑得喘不过气来。

后来，他更出色的在戈里高里耶夫的《马车夫和一个骑兵军官的恶作剧》中扮演了一个饶舌的老太婆。只要他一登台，"观众"就止不住大笑，因为他总能把角色表演得惟妙惟肖。

有一天，安托沙说："咱们应该有个固定的剧院来演现代戏，老在柴屋里可不是办法。"

大家也深有同感："是啊，是啊！"

后来，安托沙的好朋友安德烈·德罗希表示："我们家的房子很宽敞，可以到我家去演。"

他们和安德烈的父母一商量，这对善良和富裕的布尔乔亚夫妇立刻就同意了。

安德烈把他们领到一个大客厅："怎么样？够不够大？隔壁的房间可以供演员化妆和放服装道具。"

兄妹6人绕着大厅走着，比划着。二哥尼古拉高兴地说："这回可好了，咱们有真正的剧院喽！"

后来，安德烈的母亲又热心的向他们说："孩子们，你们看看走廊落地窗的那个大布帘能不能用上？"

大家到走廊一看，那是一块上面饰有展翅欲飞的巨鸟的彩色布帘。拿来一试，正好把大厅隔成两半，前面是舞台，另一边是放着椅子的观众席。在一个小孩专用的壁橱里放满了服装、道具、化妆盒、假发。

不久他们的戏就一出出的在这里上演了。他们的精彩表演，每次都获得成功，"观众"席上挤得满满的。

后来，安托沙受到成功的启发和鼓舞，还自己动笔在练习本上为自己的"剧院"创作短剧。

他写的第一个剧本叫《孤儿》，表现不懈追求和反抗精神。后来还创作了一系列喜剧题材的，如《棋逢对手》《一个剃了胡子的佩枪的秘书》《难怪鸡叫了》等。

他的剧本不仅供家庭剧团演出，也供给同学业余演出，于是他又大胆创作短剧来嘲笑有些同学的怪癖。只是演过后就毁掉了。

尝试文学创作

巴维尔的杂货铺经营一直不见红火，他经过慎重考虑之后，就决定让儿子们离开杂货店，去接受教育。

1867年，安托沙和哥哥尼古拉先是去了一所希腊教会学校，因为巴维尔觉得，既然希腊富商控制着塔干罗格，那就应该参与他们的活动。其实妻子是希望把孩子送进俄语学校学习的，但巴维尔没有听从妻子的建议。

弟兄俩在希腊教会学校里过得很不开心，也没有学到多少东西。直至1868年8月23日，安托沙才按照母亲的心愿，穿着海军蓝、金属纽扣的制服去了塔干罗格俄语语法学校的预备班学习。学制8年，学生们被列入彼得大帝在一个半世纪前创立的著名的14级"学籍表"的最后一级，这就意味着他们可以直接进入大学。

安托沙在那里读到四年级时，在创作自己"剧院"剧本的同时，也开始尝试最初的文学创作。

当时，高年级的学生编辑出了一类叫《小星》的手抄本刊物，安托沙便很大胆地投去稿件。

编辑同学见了这个小同学的来稿后,惊喜地对同伴们说:"大家看哪,这个小同学写得真不错呢!"

大家看了以后也纷纷表示:"嗯,确实有点儿才气。"于是,安托沙的稿子被登在《小星》的显眼位置上,并时时接到刊物向他的约稿。

在语法学校的所有老师中,神学教员波克罗夫斯基是最受学生们爱戴和尊敬的。这位教员性格开朗,风趣幽默,和学生们相处得亲密融洽。

波克罗夫斯基在教学中反对烦琐的哲学,在教学方法上非常有独创精神,安托沙被他深深地吸引住了。

波克罗夫斯基酷爱文学,他在课堂上经常就哲学、历史和文学问题发表议论,大谈普希金、莱蒙托夫、歌德、莎士比亚……

波克罗夫斯基按希腊文把安托沙的"契诃夫"读为"契洪特",当他发现安托沙是个很有幽默感的天才时,就建议他去阅读莫里哀、斯韦夫特、谢德林等大师的著作。

有了这样一位引路人,安托沙也尝试着开始写小品和诗歌。他曾经写过一首诗,诗中对季雅科诺夫进行了辛辣的嘲笑和讽刺,表达了对现实社会统治压迫的反抗。这首诗在学校里立刻引起了不小的轰动,同学们开始争相传阅他的作品。

随着作品数量的增多,安托沙又产生了一个大胆的想法:"与其向他们投稿,还不如自己办个刊物什么的好。"于是,他经过深思熟虑,主办了一份以《口吃的人》命名的幽默报纸。

在自己创办的报纸上,安托沙终于可以自由驰骋于笔端,他以其独到的笔触,满怀激情地把身边熟悉的一些典型现象和事件刊登出来,呈现在读者面前。

安托沙没事的时候就到城里四处闲逛。他对一切都是那么的感兴趣：一只翘着尾巴游荡的狗；一家人在棺材后面痛哭的出殡行列；装卸工人的争吵；酒醉人的痛哭；怀抱婴孩的乞讨妇女；吆三喝四的店铺老板等等，这一切都是他一天中值得回味的事情。

当夜幕降临，人们都已进入梦乡的时候，他喜欢躺在床上，独自遐想。他的思绪就如同回到了街上，眼前出现见过的一个个面孔，一个个表情。

他还常去公墓，辨认墓碑上的碑文，思考在这里安息的数百个陌生的人，生前有着怎样的人生，怎样的命运。

他把一切生活中的所见所感全都写在了文章里，在文章中他观点鲜明，却不失讽刺和幽默的风格。

《口吃的人》不仅在学校里大受欢迎，而且还传到了校外，整个塔干罗格城的人都知道了巴维尔家的老三办了一份幽默的娱乐报纸。

1875年，契诃夫一家迁入了新居，新屋子是巴维尔在安托沙的祖父留给他的一块地皮上建造起来的，位于康托尔斯卡亚大街。

为了把房子盖得像样些，尽管巴维尔事先已经精打细算，但还是花光了家里的所有积蓄，而且他还向地方信贷互助社借了500卢布。为了还钱，他们把一部分房子租给了商业法庭的一个小职员加布里埃尔·帕尔芬季耶维奇·谢利瓦诺夫。

6月的一天，安托沙应邀去谢利瓦诺夫的兄弟家度假。那一天，天气炎热，走在路上，身上脸上都是汗。安托沙实在受不了这鬼天气，他在烈日下跳进了冰冷的河水里游起泳来。

由于河水冷凉，加上在驿站整夜都没有睡好，安托沙得了急性腹膜炎，被送回了塔干罗格。这个病为他留下了一生都在折磨着他的痔疮。

他在语法学校校医斯特兰夫的精心照料下，身体慢慢痊愈了。从此，安托沙发誓将来要做一名医生，来减轻更多病人的痛苦。

这年7月，19岁的亚历山大由于无法忍受父亲的独断专行，在与父亲吵翻后，孤身一人去语法学校校长家里当上了家庭老师。

巴维尔知道后怒发冲冠，他写信对亚历山大进行斥责：

> 我很遗憾，你这么早就忘记了你的父母，我们可真是一心扑在你身上啊！为了养育你，我们不惜钱财，不顾身体。今后，我只要求你一件事，把你的性格改一改！对我们尊重一些，你自己也要懂得自爱。

亚历山大早就听厌了父亲的这些训斥，当他出色地通过了毕业考试后，没有征求父母意见，毅然去莫斯科大学读了数学系。

与大哥一样，17岁的尼古拉中学还未上完，也决定跟哥哥一起去莫斯科，1875年8月，他考进了莫斯科美术建筑专科学校。

巴维尔对两个逆子的大胆出走束手无策。

安托沙非常想念两个哥哥，经常与他们通信，诉说他们走后，父亲的严酷专制都强加在他一个人身上。并把《口吃的人》寄给两个哥哥。但是，亚历山大把《口吃的人》评价得一无是处，百般挑剔。他9月份给父母写信说：

> 请告诉《口吃的人》的作者，他的报纸不再像以前那样令人感兴趣了，它缺乏趣味。

安托沙的创作热情受到了严重挫伤。

家业破产独守故乡

巴维尔虽然竭尽全力，精心地料理着店铺，但是收入却越来越少，甚至连盖房欠款的利息都付不起了。他不得不写信向莫斯科的亚历山大诉苦：

赚的钱一天比一天少，我忧心忡忡，失去了勇气，你妈妈和我不知道如何是好，唉，老老实实地赚钱是多么难呀！

而亚历山大回信却说，他们兄弟俩在莫斯科更可怜，穿着破旧的衣服，天天饿着肚子。

后来，巴维尔交不起孩子们的学费，只好让他们待在家里。10月10日，叶甫盖尼亚写信给两个儿子说：

安托沙和伊凡已经有一个星期没去上学了，学校要我们交钱，我们无法交付，昨天你爸爸去学校找校长谈了，他们同意伊凡可以不交学费，但是安托沙仍要留在家里，为了他和玛丽雅，我们必须交42卢布才行。我真的十分忧伤。

就在两个哥哥去莫斯科求学的第二年4月份，小杂货店在巴维尔的不善经营下，终于破产了。

巴维尔担心由于债务问题无法解决而被关进监狱，于是就想出了一个不是办法的办法。1876年4月3日，他瞒着家人，一个人偷偷地坐上了逃往莫斯科的火车。

逃亡的路显得那么漫长。他不知道自己怎么度过每分每秒，恨不得赶紧逃离这一切。

在车上，巴维尔极力地躲避着人们的视线，生怕被别人一眼就认出来，就好像人人都认识他似的。然而，最让他担心的还不只这些。

早些年的时候，他对待儿子的态度非常蛮横，时常不分青红皂白地训斥两个大儿子。现在，他落到这种地步，儿子会怎么对待这个已经年过半百、胡子花白而一事无成的父亲呢？

父亲出走以后，放高利贷的人几乎天天上门逼债，留在塔干罗格的孩子中，也只有安托沙能够帮助和安慰母亲。

母亲迫于无奈，只好开口向朋友们求救。但此时境况已经与以往不同了，他们一个个都像躲避瘟疫一样，连个人影儿都见不到。就连安托沙的亲叔叔也婉言回绝，推说手头拮据，掏不出一分钱来帮助他们。

就在这时，新屋的房客谢利瓦诺夫趁机用一种欺骗的手段，只用了 500 卢布就获得了契诃夫家的房产权。

房客所给的价钱,还不到房价的 1/3。从此,在契诃夫家的大门上,钉上了一块写着别人姓名的铜牌。

家具也不得不拍卖了,于是叶甫盖尼亚只好在 7 月 23 日带着伊凡和玛丽去了莫斯科,只剩下安托沙还留在塔干罗格完成中学学业。

安托沙沦落到了无家可归的地步,谢利瓦诺夫——房子的新主人——出于过去的交情,只给安托沙留了一个角落居住。

为了支付自己的食宿费用,安托沙不得不给房主那个侄子皮埃尔·克拉夫佐夫当补习老师。

安托沙本来想拒绝这个掠夺了父母财产的人,但为了能完满地完成学业,他也只好接受条件,面对现实。

他很清楚目前的处境,只有自食其力,才能继续生活和学习。他想,等 3 年后拿到了文凭,就可以去莫斯科上大学了。这年,他还不到 17 岁。

他总算获得了向往已久的自由。然而,在这里,他再也看不见母亲的慈爱容颜,再也听不到兄弟们的欢声笑语,他又感到无限的寂寞和惆怅。

他在自己寄居的角落里,留下了一些值得回忆的东西:功课表、一个没了头的洋娃娃,还有墙上写着的歪歪斜斜的"尼古拉是傻瓜"……

追求已久的自由生活总算开始了,但随之而来的却是令人难以忍受的屈辱和贫穷。安托沙不但要过着赤贫的生活,还要饱受着人们对他父亲破产和出逃的嘲笑与指责。

但是，任何困难都压不垮他。他下定决心，独立谋生，打工糊口，保持着自己做人的尊严。他很能吃苦，也勇于承担责任，能为朋友牺牲自己的一切。他靠做家教维持自己的生活和学业，每个月可以挣到3卢布。

但是，为了这3个卢布，他必须步行许多路到城郊的家教馆去。秋天，郊外的路泥泞不堪，安托沙连一双厚鞋都没有。于是，他只好用破布包着脚去讲课。硬草根和尖利的石块经常把他的双脚扎破，流出血来。泥水的浸泡，更让人疼痛难忍。

但年幼而坚强的安托沙对这一切都默默地承受着，家教馆的家长和学生们都被他这种自强不息的精神而感动，就连谢利瓦诺夫也不得不尊重他，逐渐以平等的态度来对待他了。

谢利瓦诺夫在面对安托沙的时候，良心上总有些过意不去。这个不到17岁的年轻人沉静平和、谦恭有礼、态度直率，使他每当面对这个少年时，总也骄傲不起来。

安托沙一边读书、打工，一边抽时间到图书馆里去阅读更多的经典：比彻尔·斯托夫、叔本华、洪保德、雨果、塞万提斯、冈察洛夫、屠格涅夫、别林斯基……。现在，他有更多的自由去思考，自身的文学修养也提升很快。

在这段艰苦孤独的岁月中，安托沙尤其对叔本华的哲学领悟最深，他用叔本华的话来激励自己："是的，人不能低声下气地活着，要有骨气与尊严。"

可他从塔干罗格写给家人的信，全是一些开玩笑的话，这让母亲感到十分恼火。

1876年11月25日，叶甫盖尼亚在给安托沙的信中责怪说：

> 我们收到你寄来的两封信，全是玩笑和文字游戏……

她不理解，其实这种幽默正是一个人在最倒霉的时候表现出来的坚强和自重。

安托沙不但要靠自己的劳动来维持生活、交纳学费，还得帮助陷于困境的家庭。

叶甫盖尼亚在离开塔干罗格的头一天晚上，曾嘱咐安托沙在她走后卖掉家中仅有的几件东西，把变卖的钱寄到莫斯科去，并且要求他再添上一点自己挣的钱补贴家用。

在迟迟没有接到安托沙寄来的钱后，母亲写信催促说：

> 那些天，我们家只剩下4个卢布用来吃饭和买灯油。我们等着你寄钱来，日子太难过了。也许你不相信我们所说的情况，玛丽雅没有皮袄，我没有毛皮鞋，我们只好待在家里，我也没有缝纫机做活挣钱。我们睡在冰冷屋子里的地板上。
>
> 明天是26号了，不管从哪儿借，也要交付13个卢布的房租，否则房东就要撵我们了。真是烦死人了。快点来信，看在上帝的份上，快点把钱寄来吧！别让我愁死了……

同时，大哥亚历山大也来信说：

> 我们的生意很不景气，父亲一直没有找到工作，人也

衰老了;母亲像支残烛,一天天熄灭下去,妹妹卧病在床……我们把老本吃光了。没有别的事,全是老问题,我们已经没有什么东西可以拿去典押了……

当安托沙读完这些信,他的内心说不出是什么滋味,真是心如刀绞。

他立刻卖掉了家里留下的所有家什,然后以最快的速度把钱寄给父母。他又到处去给人家补习功课,想尽快多挣些钱来寄到莫斯科的家里。

支撑家庭危机

1877年复活节假期，安托沙收到了亚历山大寄来的一张去莫斯科的火车票，于是马上到莫斯科去探望家人。

莫斯科是多么美丽而文明啊，安托沙心中一直对它无限向往。但是，他们一家的生活却很惨。

一家人租住在一个偏僻的角落里，而且是一间比街面更低的又小又暗、又潮又冷的半地下室。从小小的像通气孔的窗口望出去，看不到阳光和天空，只能看到大街上来往行人的腿脚和路面上飘来飞去的纸屑灰尘……

安托沙感到无比压抑，然而家里的状况则更让他伤心：父亲仍然失业，整天烦躁，脾气更坏了；母亲仅仅半年多就有了白发，脸上多了许多皱纹；14岁的妹妹玛丽雅无钱上学，待在家里打理家务；还不到12岁的小弟米舍尔穿着单薄的衣服在莫斯科的冰天雪地里为生活而奔波；两个哥哥在外面教点书，替别人抄抄写写，合伙出点小画报挣点钱。但是，他们经常在外面喝得大醉，回到家里就和父亲争吵，而对家里的困难则不闻不问。

莫斯科之行，使安托沙心里更焦急和难过。他回到塔干罗格后，更是努力四处给人补课。

安托沙很穷，但当他知道有一个同学比他的生活还苦的时候，便主动提出两人轮流去教学馆，平分一个月3卢布的所得。

房东的侄子皮埃尔是安托沙的学生，对他很好，皮埃尔的父亲是顿河流域的地主，每年暑假皮埃尔都邀请安托沙到自己家的庄园度夏。安托沙在那里学会了打枪、狩猎和骑马。而且，在那里他还看到了开挖煤矿和修建铁路，听到了吊桶落在矿井的声音和火车的"隆隆"声响，并且还亲眼看到过货车车厢与火车头脱钩溜下坡去的场面。

中学的最后3年，安托沙生活中的主要内容就是读书，他如饥似渴地博览群书，广泛涉猎社会科学和自然科学著作，甚至向大哥索取大学的理科教材。

在思想的迅速成长时期，安托沙更醉心于音乐和戏剧，经常到市立公园听免费露天音乐会。安托沙常常在树影花丛下欣赏一支支世界名曲。

在独立生活的3年中，安托沙写了不少习作，登在学校的杂志上，他还把这些作品寄给两个哥哥，征求他们的意见。

安托沙从不抱怨，他认为自己前进的道路上铺满了玫瑰，他不仅坚持自我教育，也特别注意关心教育自己的兄弟和妹妹，从思想上去教育开导家人，使他们成为独立自主的人。

1879年4月，他给14岁的小弟米舍尔写了一封信，可谓用心良苦、语重心长：

亲爱的弟弟米舍尔：

正当我心情十分沮丧,倚在大门口打呵欠时,接到了你的信。从这一点你可以想象这封信是多么受欢迎,它来得太及时了!你的字写得很好,而且全篇信里也找不出一个语法错误。

但是,你的信有一点我很不喜欢。你为什么把自己说成是"微不足道的渺小的兄弟"呢?你知道吗,应该在什么地方意识到自己的渺小呢?在上帝面前,在智慧、美和大自然的面前,可能是渺小的,但不是在人的面前。在人的面前,你应该意识到自己的尊严。你是诚实的人,难道不是吗?

因此,你要把自己看成是一个诚实的人。要记住,一个诚实的人从来就不是一个渺小的人。别把谦逊和自卑混为一谈。

你在看书,这很好啊!保持这种良好的习惯吧,日久天长,你就知道这个习惯的作用了。

你读读下面几本书吧:《堂吉诃德》,好小说,人们几乎把他和莎士比亚并列。如果我的兄弟们还没有看《堂吉诃德》和莎士比亚的《哈姆雷特》,那我一定要劝他们读读。如果你想读一本生动有趣的游记,那就去读冈察洛夫的《巴拉达号战舰》吧……

后来,安托沙在寄给大哥亚历山大和二哥尼古拉的一封信中,强调必须克服自己小市民的自卑感。因为他知道,从祖父那辈到父亲这种状况,都难免会加深兄弟们心中的自卑感。而他要努力彻底消除他们兄弟们身上的这种习性:

> 必须克服小市民的习性，必须有意志力，必须为此日以继夜地劳动，不断地读书和钻研，才能把自己身上的奴性挤出去，一点一滴地挤出去。
>
> 我们的周围是一个十分阴险狠毒的世界，在这种生活环境中，不尊重自己，奴性十足，忍气吞声的人，生活是多么糟糕和无聊！

安托沙怀念母亲，在给母亲的信中，总讲一些好听的笑话，想以此尽量使老人振作起来，减轻点儿精神压力。

而作为一位慈爱的母亲，叶甫盖尼亚除了对儿子寄予希望的轻责之外，更多的还是表达对身在故乡、孤苦伶仃的儿子安托沙的深切担心与想念之情：

> 你快来吧，我每时每刻都祈求上帝让你早点来。你赶快中学毕业到莫斯科来吧，我们已经等得不耐烦了。而且一定要进医学系。我再说一句，安托沙，如果你真的热爱劳动，莫斯科是永远不愁找不到工作的。
>
> 我总觉得只要你一来，我们的日子就会好过一些了。

巴维尔却和妻子不一样，他已经对几个儿子完全失望了，说："安托沙来了也会和他两个哥哥一样，成天只知道出去游荡，一点儿正经事也不干。"

叶甫盖尼亚坚信安托沙是个好孩子，她大声反驳丈夫说："安托沙和亚历山大、尼古拉不一样，他不会出去乱窜，他爱劳动！只要劳动，在莫斯科就能挣到钱！"

接到母亲的信后，安托沙深深地感到了自己对家庭的责任和义务。

1879年夏天，他以优异的成绩中学毕业。但是毕业后，他却没有急着马上就去莫斯科。而是在塔干罗格城四处奔走了一个夏天，请求市政府能够给他发放十分难得的奖学金。

这种奖学金每年只有一个名额，它是由塔干罗格市特殊设立的，由塔干罗格市参议会发放给在中学学习成绩优异，而且将继续在高等学校求学的塔干罗格市的学生的，每个月25卢布。

安托沙的努力没有白费，他终于以优异的成绩，加上诚恳的态度和不卑不亢的人格魅力，获得了渴望中的奖学金。

而且在开学前，他一次性从参议会领到了过去4个月的100卢布奖学金！

8月6日，安托沙怀着激动和快乐的心情，与两个同学踏上了开往莫斯科的火车。一声长鸣，火车载着安托沙的希望和梦想，风驰电掣般向西驶去。

在市政府签发的正式迁移许可证上，像所有俄国人在更换居留地时所作的那样，他填写了如下各项：

年龄：19岁；头发和眉毛：浅栗色；眼珠：栗色；鼻子、口、颏：无异像；脸型：略长，浅肤色；特征：发下前额有一伤疤。

安托沙把头贴在车窗上，百感交集地望着不断远去的塔干罗格，心里默默地念着："再见了，塔干罗格！再见了，少年时代的伙伴！再见了，我的故乡！"

下车后，安托沙让两个同伴过两天来找他，他自己辗转来到了他的家人挤住的地下室。当他到了家门口下车时，正好迎面碰上弟弟米舍尔坐在门槛上晒太阳。这孩子起先没认出他来：哥哥变化太大了，两年中，一个胖乎乎的少年一下变成了一个细高个的大人，面目清秀，两颊苍白。穿着一套不合身的破旧服装，戴着一顶太小的圆帽，留着长发，嘴唇上蓄着一撮稀疏的胡须。有点儿像和善的、目光深邃的基督教徒。

"基督"用圆润的嗓音低声问："你好吗？米舍尔·巴甫洛维奇！"

这时，米舍尔才意识到哥哥站在自己面前，他兴奋地叫了起来："安托沙来了！"然后急忙跑回屋里。

全家欣喜若狂，一起扑向安托沙，拥抱、喊叫。母亲在圣像前画了十字，叫米舍尔去给父亲发电报。父亲很快就回来了。

但是，安托沙一进入那窄小的房屋空间，与家人团聚的欢乐顿时化为乌有。

同时，安托沙也了解到了家里的真实情况：父亲年老体弱，最近刚刚找到一份为纺织厂看仓库的活，一个月30卢布，食宿用掉后就剩不下什么了；亚历山大在外面独自闯荡，时好时坏，本来他不缺少才华和学问，但是由于种种原因，一直没有机遇展示，从而心灰意懒借酒浇愁，还学会了撒谎；尼古拉绘画、音乐上很有天赋，但是性情懒惰，体弱多病，染上了抽烟酗酒的毛病；伊凡与哥哥们相反，打算当个小学教员，他沉默寡言，勤奋好学，老成持重；米舍尔和妹妹都由于交不起学费而辍学在家……，整个家如同一盘散沙，没有一个主心骨，死气沉沉，没有一点儿勤奋向上的朝气。

安托沙下定决心：我绝不仿效亚历山大，为了个人而置全家的苦难于不顾。我要把这个家支撑起来，拯救我的家庭！

他首先想到：先把父母都接到家里来，他们年纪都大了，不能在外面再干繁重的工作，应该过安稳的日子了；然后给弟弟妹妹交上学费，让他们尽快恢复学业；对两个哥哥，能帮多大忙就帮多大忙，尽力去发挥他们的才能，使他们重燃生活的希望……

一个月后，安托沙用他的奖学金在莫斯科的科波格伊斯基大街租了一栋有5个房间的楼房。这里宽敞明亮，还带有长满树木的花园，阳台前是一大片草坪。

叶甫盖尼亚喃喃自语道："我早就说过，安托沙一来，我们的日子就好过了！"

安托沙的到来，不仅仅是带来了100卢布的奖学金和两个寄宿学生每个月60卢布的房租，给家里增添了一些收入，更重要的是他给全家带来了欢乐和力量。

安托沙勇敢沉着地挑起了一家之主的重担。父亲一开始有些不适应，甚至有些失落和生气，但后来只好默认了。但安托沙依然尊重父亲。

安托沙深信说服胜于威胁，他要以自己的行动为大家作出表率。他宣布，一周里他负责一天家务，其他几天由弟妹们轮流负责。对年幼的米舍尔，安托沙则温和地规劝他应该穿着整齐，不要说谎，在任何情况下都应公正无私。

渐渐的，安托沙那平静态度所蕴藏的权威征服了所有的人，兄弟们都敬重他，连专横、顽固的老巴维尔也不得不承认，安托沙实际已是一家之主了。

每当家中遇到问题时，大家会异口同声地问："安托沙怎么说？""安托沙怎么想的？"

米舍尔常常说:"如果安托沙没有及时从塔干罗格来莫斯科,谁知道我们家会是个什么样子呢?全家以安托沙为中心,休戚与共。"

这样,几周之内,情况就改观了。一直在家中无所事事的米舍尔和玛丽雅分别进入了语法学校和拉伊耶夫斯基女子学校学习。伊凡也为当小教员而刻苦读书。安托沙本人则去莫斯科大学报考医学系一年级。

首次发表作品

1879年秋天，安东·巴甫洛维奇·契诃夫遵从母亲的意愿，进入莫斯科大学医学系。

医学系在大学里是要求最严格的，课程很重，比其他系要紧张得多。但契诃夫是个勤奋的好学生，上课、做实验、完成作业都很认真，只是还没有显示出什么突出的地方。

但是，从这年冬天开始，契诃夫就开始了他的文学活动。他一边潜心学习医学，一边抢时间给刊物写稿。

当时正是俄国历史上最反动、多灾多难的19世纪80年代，列宁称这时代是俄国的"牢狱"。尤其是发生了沙皇亚历山大二世被恐怖主义分子炸死的事件之后，俄国反动势力更是甚嚣尘上，政府也更加疯狂地压制言论自由。

列宁同时也指出："这个时期也是思想和理智的时代。"

普列汉诺夫的哲学思想、门捷列夫的著作、列宾的绘画、柴可夫斯基的音乐等，都对年轻的契诃夫有最直接的影响。

他尤其欣赏幽默作家尼古拉·亚历山大诺维奇·莱金的作品，

每次看完都拍案叫绝道:"这才是真正的好作品,既能让人开怀大笑,又发人深省!"

相比之下,自己原来发表的那些小作品只能称为"小东西"。于是,契诃夫决心成为真正的幽默文学革新家,他积极向《断片》《蜻蜓》《蟋蟀》《花絮》等幽默刊物投稿。

1879年12月24日,契诃夫写成了他正式的处女作短篇小说《一封给有学问的邻居的信》。并用自己当年的老师波克罗夫斯基给自己起的"安托沙·契洪特"作为笔名,与另一篇幽默小品《在长篇、中篇等小说中最常见的是什么》一起寄给了《蜻蜓》杂志。

1880年1月13日,《蜻蜓》杂志在"读者信箱"栏内致新作家的一封信中,登载了一则写给他的信:

致家住德提切夫18号的安托沙·契洪特先生:
尊稿相当不错,我们将发表你寄来的文章。
我们为你未来的工作祝福,祝你百尺竿头更进一步。

1880年3月9日,这两篇作品在《蜻蜓》上发表了。20岁的契诃夫用第一次领到的稿费买了生日蛋糕献给母亲,一家人都非常高兴,大家围在一起,还有赶回来的大哥、二哥,围坐在蛋糕周围说笑、品尝。

亚历山大站起来郑重地说:"不,安托沙,你听我说。我佩服你的不仅是文学上的进步,更尊重你的道德高尚,你敢于打破旧的框框,这是难能可贵的,而我恰恰缺乏这样的勇气。"

亚历山大接着笑道:"我写了一首小诗,算是为弟弟表示祝贺吧!"

于是他念道:

> 我们兄弟五个本是一母所生，
>
> 她把我们送到世上；
>
> 唯独只有你一个发挥自己的才能，
>
> 就像花花公子穿着时装那样合身，
>
> 我在你面前真是不值一文，
>
> 只好让你荣耀遍体，鹤立鸡群！

这首诗表达了兄弟之间的热爱之情，同时也说明一个真理：光有天赋是不够的，还要像弟弟通过艰苦的劳动，才能使自己的才华放出异彩。

全家人个个听得热泪盈眶。

契诃夫承认，自己一方面是热爱文学，把写作看成是娱乐和享受；另一方面也是因家庭贫寒，把它当做上学和养家的手段。

从此，他除了要学好繁重的功课，还要进行紧张地创作。刚刚写完一篇故事，就要赶紧看教材；从解剖室一出来，马上又得去杂志编辑室……

他的作品越来越多，稿费也逐渐增加。一天，他郑重地对母亲说："妈妈，从今天起我来负担玛丽雅的学费。"

叶甫盖尼亚感动地望着儿子，欣慰地笑了："这就是我的安托沙！"

1880年7月，一年级期末考试结束后，除解剖学之外，契诃夫每门功课都取得了优秀成绩。他离开莫斯科，到朋友和房客津布拉托夫的父亲的夏季别墅度暑假。为了补好解剖这一课，他在房间里摆了一个人头骨，并要求主人的小弟弟为他捕捉青蛙和老鼠。两名大学生就在院子里解剖这些动物，农民们惊奇地围着观看。

为了养家艰苦写作

1880 年，契诃夫发表了 9 篇故事；1881 年发表了 13 篇；1883 年共发表了 129 篇故事、文章和报道。他以写作消遣，但是，他不愿在这些"无聊的文章"下面签上自己的真实姓名，他使用了许多笔名，诸如"无脾脏的人"、"我兄弟的哥哥"、"尤利斯"、"安托沙"等。

由于当时稿费很低，契诃夫必须高产，不停手地写作，才能完成自己对家庭的义务和责任。

另外，契诃夫的写作条件十分糟糕。弟弟妹妹喜欢交朋友，来家做客的人络绎不绝，有的还吃住在这里。经常可以听到"钢琴与民歌齐飞，碰杯与争吵一色"的场景。

有时，隔壁来做客的孩子在啼哭；而父亲则在另一间房子里大声为母亲朗诵《被感动的天使》；有人打开了留声机播放《美丽的海伦娜》；他的床被一个来做客的亲戚占用了，那位亲戚总是没完没了地缠着他，跟他谈医学："隔壁那个孩子可能是肠绞痛，所以哭个不停。"

契诃夫对好朋友、同学德罗希抱怨道:"这是天下少有的文学创作环境!我真想躲到乡下去。"

德罗希就劝他:"既然环境这么差,那就少写点儿嘛,不要这么拼命嘛!"

契诃夫叹道:"我必须不知疲倦地写呀,德罗希,你是知道的,全家人就靠着我来供养,我的确是为了养家才写这些供人消遣的玩意儿的。所以它也无情地折磨着我的良心呢!"

不过,契诃夫虽然称他是"非文学性工作",但其实他的每篇文章都是很认真的。因此,他的每篇作品一经登载,读者便争相抢购,先睹为快,刊物的老板也为此大挣了一笔。

靠稿费养家也是非常不容易的,他往往为了区区几个小钱踢坏了编辑部的门槛儿。

有一次,他让弟弟米舍尔去央求一位杂志主编付给他拖延了许多时间的3卢布稿费,而那位主编拿不出钱,还阴阳怪气地对米舍尔说:"钱暂时没有,这样吧,也许你哥哥愿意要张戏票吧?或者买条新裤子也成?那就上丘林成衣店买一条裤子,记在我账上好了。"

主编这侮辱性的话,引起了编辑室里一阵哄堂大笑。

米舍尔气得满脸通红,说不出一句话来,他把门一摔,委屈地走了,回到家,流着泪对三哥讲了所受的奚落。

还有一次,他的小说《他明白了》寄给杂志社,该杂志编辑说:"如果您不索稿酬,我们会乐于发表。本刊资金有限,因此只有重要论文才付稿酬。"为了以后发表"重要的论文",契诃夫只好"不索稿酬"发表了那篇小说。

《蜻蜓》杂志的主编一向态度傲慢，而且稿费也很抠，不仅标准低，发放稿费时还像施舍乞丐小钱一样；此外他们为了炒作，还在《读者信箱》里对契诃夫的作品过分挑剔，写一些讽刺挖苦的话。

想到这些，契诃夫的心被严重地刺伤了，他决心以后不再向《蜻蜓》杂志投寄任何稿件。

巧遇莱金加盟《花絮》

1882年10月的一天，天气晴朗，人们纷纷走出户外，感受大自然的清爽。莫斯科红场明媚的阳光下，走着来来往往的人们。

契诃夫和二哥尼古拉也随着人流在街上闲逛着。

与《蜻蜓》脱离了关系之后，契诃夫暂时停止了写作。他一边认真在学校学习医学，一边抽空深入到街区和教堂、医院等处，体察民情，创作了大量的"札记"。

尼古拉像亚历山大一样令契诃夫担心，他才华横溢，但是性情懒惰，工作也是三天打鱼两天晒网，常常饮酒作乐。

契诃夫很喜欢二哥，不愿过多责备他，可看到他这样浪费才华又十分失望，只得劝他："应该努力工作、读书……，砸碎你的伏特加酒瓶吧！"

契诃夫正与二哥边走边聊。忽然一辆豪华马车在他们身边停下来，一个年轻人从车窗里探出头来喊："喂！安托沙！"

契诃夫一看，原来是自己的好朋友，他也与对方打招呼："嘿，你好啊，帕尔明！"

帕尔明是一位青年诗人。他跳下了马车，接着，马车上又走下一位很有派头的绅士：大腹便便，油黑的胡子，红光满面，神采飞扬。

帕尔明随即对那人介绍说："这就是我常说的契诃夫兄弟俩，他们都很有天赋，一个能写，一个擅画。"

帕尔明又回头向他们兄弟介绍："这位就是《花絮》杂志的社长兼主编尼古拉·亚历山大诺维奇·莱金先生。几分钟之前，莱金先生还说让我为周刊物色几名有才华而又不苛求的合作者，正巧就碰到你们了！"

契诃夫惊喜地说："啊！原来您就是圣彼得堡大作家莱金先生？我早年就拜读过您的大作，曾经对我很有启发！"

莱金微微一笑："你就是给《蜻蜓》撰稿的安东·巴甫洛维奇·契诃夫吗？"

契诃夫真诚地说："不错。但是现在我已经与他们分手了。"

莱金故作惊讶说："哦，是吗？那这样，咱们别站在大街上了，找个酒馆好好聊聊，走吧，我请客！"

他们走进了一家豪华大酒店，沿着地毯上到二楼的一个单间里。

几个人边吃边聊。契诃夫注意到，坐在对面的莱金吃香肠、喝啤酒时，大胡子和耳朵都在颤动，他那肥大的面孔也参加了咀嚼运动。

契诃夫对莱金直言道："我在塔干罗格图书馆读到过您的作品。现在也知道贵刊在幽默杂志中是最正派的，保持着自由派的本色，并且还有适当针砭时弊的风格。"

这直言不讳的评价，使莱金马上对契诃夫产生了兴趣，他高兴地说："适当针砭时弊？嗯，概括得好，我自己都还不曾意识到呢！

唉，在当前政府对出版行业的重压之下，能有'适当'也相当不易了。而且还要适应不同的读者群口味，否则也是难以生存啊！"

契诃夫边听边点头表示深有同感，嘴里喃喃道："要保持'适当'还要努力'适应'，嗯……。"

莱金点燃了一支雪茄，进一步开诚布公地说："若想存活，就必须避开压力，只去选择一些细微、琐碎、偶然的事情，这样谈起来……"

契诃夫接道："……就自由、放松多了，可以去谈谈戴绿帽的丈夫啊、缺斤少两的商人啊、醉酒闹事的官吏啊，还有假日的郊游、婚礼、宴会等故事。"

莱金兴奋地吸了一口雪茄，在烟雾缭绕中说："正是，正是，就像你写过的那篇《在长篇、中篇等小说中最常见的是什么》中讽刺的一样，虽然无聊，但却无伤大雅，都是为了生存嘛，有什么办法？"

契诃夫笑了笑没再说话。

而莱金却以一个商人的嗅觉，觉察到这个机智、幽默的年轻大学生，正是自己所需的人才。他决心把他招在自己旗下，避免被别的竞争对手抢去。

莱金向契诃夫说道："年轻人，我就开门见山说了。你现在既然已经与《蜻蜓》脱离关系了，而我眼下正需要你这样有才华的人，你不妨考虑一下加盟我们《花絮》？"

契诃夫心里十分高兴，不过他已经有了经验："那我也不客气了，想先听听条件。"

莱金吸尽了最后一口雪茄："是这样，我需要一些短小精悍、趣味浓厚、轻松诙谐的故事。内容任你自由发挥，但最主要的一点是不能让审查机构抓住把柄,因此任何会使读者埋怨当前艰难时局的主题都要排除在外。至于稿酬嘛,暂定每行字 8 戈比,即每篇文章 4 卢布至 5 个卢布,以后有可能还会提高,怎么样?"

契诃夫求之不得,这比他从前在《蜻蜓》所得的稿酬要高很多!

莱金摆了摆手又说:"我看这样吧,干脆开辟一个《莫斯科生活花絮》专栏,就由你来负全责。"他看了一眼契诃夫,"不过这要有大量的稿件,否则就会出现空档。"

契诃夫欣然应承道:"您尽管放心好了,假如有一个晚上我心情好的话,写出的东西足够《花絮》用上一个月的。"

莱金不由喜上眉梢:"好极了!嗯,尼古拉也加入好了,你们兄弟是黄金搭档嘛,就由你为弟弟的作品作插图,或者为刊物画些漫画。"

尼古拉喜形于色:"太好了!"

于是双方达成协议,在签订合同时,特意加了一条:契诃夫必须将自己最好的作品寄给《花絮》。

从此,契诃夫兄弟俩共同供职于一家杂志,也经常一起活动。

这年假期,他们回塔干罗格探望亲友。到达塔干罗格后,正巧赶上他们舅母的弟弟结婚,于是两个远来的贵客便被拉去当傧相。

婚礼上,主婚人、新郎的哥哥布洛达是个殷实的布商,婚事办得相当排场,相当有商人气派。

而两个调皮的傧相又是笑又是闹,尽情嘲弄了俗不可耐的婚礼和婚礼的参加者。

客人当中有一个叫波波娃的音乐学院女学生,她对那种小市民气息十分反感,便悄悄来到钢琴前,弹起舒伯特、格林卡和柴可夫斯基的乐曲来。

契诃夫注意到了这优美的乐曲，他坐在一旁倾听。然而主人布洛达对这种曲子并不欣赏，他走到桌边将八音盒打开，想用八音盒放出的平庸曲调来压倒钢琴的乐曲。

当布洛达一走开，契诃夫就不声不响走过去把八音盒关掉。

过了一会儿，布洛达又过来打开了八音盒。契诃夫朝波波娃使眼色，示意她继续弹下去。等布洛达一走开，他就又把八音盒关掉了。

契诃夫在这场热闹的婚礼上，始终充当着一个调皮鬼的角色。

回到莫斯科后，契诃夫根据这次故乡之行，尤其是那场婚礼，与二哥尼古拉创作了大型漫画《结婚季节》。

漫画辛辣地讽刺了婚礼的主人和那些大吃大喝的客人。后来这幅画发表在幽默刊物《观众》上，塔干罗格的亲友从这幅漫画的众多人物形象中纷纷认出了自己，不由瞠目结舌、啼笑皆非。

突破陈规大胆创新

契诃夫与《花絮》达成协议后,以极大的热忱恪守自己的诺言。他不久就寄去了自己的第一篇稿件,但却得到了这样的答复:

可惜太长了,文章结构很好。很久以来,我们就期待同你合作。请写得更短些,你会得到更慷慨的稿酬。

契诃夫毫不气馁,他给圣彼得堡寄去了第二篇稿件。1882年11月20日,人们就高兴的在《花絮》周刊上读到了署名"契洪特"的散文。

从这以后,契诃夫发表的作品越来越多。后来,他主持的《莫斯科生活花絮》专栏中,生动地描绘了莫斯科街头巷尾、医院诊所、法庭内外、饭馆酒吧、戏院剧场的所见所闻,报道了社交场合的传闻趣事以及文学、音乐、艺术等各界创作生活的新闻。

虽然他一直没用自己的真名,但他的朋友却对他说:"写这个专栏的人一定住在圣彼得堡,可他是怎么知道这里的消息呢!真是天才!"

这种费力不讨好的工作使他生气，但因家庭生活所迫，他又不能不勉为其难。

一个午夜，莱金在参加酒会之后，乘车回家经过《花絮》杂志社，突然发现楼上的灯还亮着，于是便停车下，走进去看看。

莱金站在二楼走廊里，隔着窗户向里望去：只见契诃夫坐在编辑室的一个角落里，正聚精会神地奋笔疾书。他写完一页，就用右手拇指和食指夹起来抛到桌边上，已经堆了一大堆。

莱金默默地站了许久。

莱金看中契诃夫是棵摇钱树，这是一位勤奋、机敏的多产作家，必须把他垄断在自己的手中："要盯紧点，如果被竞争对手抢去，那可是很大的损失。嗯，要想稳住他，就只好一点一点地提高给他的稿酬。"

莱金悄悄地离开了杂志社。

有一天，莱金看完"契洪特"的短篇小说《艺术品》，惊喜的给契诃夫写信说：

不错，这正是我所期盼的，适合《花絮》的标准作品！给幽默刊物就是要写这样的小说。

莱金想紧紧地控制契诃夫，他想把这位年轻的撰稿人死死地挤进《花絮》的传统框框里。

《艺术品》其实并没有多高的思想性，除了一些滑稽可笑的情节闪耀着契诃夫式的文采之外，别的没有什么。但莱金却说："我可不期望你的稿子里还有点儿别的什么东西，这样就已经足够了。"

契诃夫清楚地意识到，如果持续被迫去写一些华而不实、空洞无物、题材杂乱的东西，他随时可能走上一条错误的道路。他有时也对莱金的纯商业性要求表示不满，然而最让他感到恼火的是，他的文章被严格地限制在100行之内。

于是契诃夫给莱金写信说：

我也极力主张写短文。如果我主办一份幽默刊物，我同样会将一切冗长的文字删去。但是，我也得承认，你们关于"从某处开始到某处结束"的规定使我相当苦恼。

我选择了一个题目，坐到桌前准备动笔，但刚写了第一行字，就不得不开始考虑"文章不得多于百行"的规定。我尽量压缩、筛选，大刀阔斧地删节。

有时候，作为一个作者，我本能的对自己说，这样做既破坏了文章的内容，也破坏了文章的形式。经过一再压缩和删节，我开始计算行数，我数到100行，120行，140行，我害怕了，我无法寄出这样的文章。因此请求你们，给我写120行的权利吧！

而且，莱金发现，"契洪特"作品中那些无关痛痒的笑料，慢慢变成健康的笑料，后来又变成严肃的主题，甚至发出了各种各样"小人物"的呼声。他一下子慌了："不行，不行，绝对不行，不能让他打破《花絮》的旧框框，他只能按我要求的去做。"他告诉契诃夫："讽刺、漫画、奇想、怪念在这里都有用……把这些恶作剧写得越蠢越好。"

对此，契诃夫也提出了自己的请求。

> 短小精悍、轻松愉快的文章，只要很轻松，合乎杂志精神，即使包含一点深意，加上一点抗议，我看，读者读起来还是会令人高兴的，也就是说，不会变得枯燥乏味。
>
> 说实在的，搜集趣闻困难重重，有时你去寻找笑料，只顾追求幽默，胡乱写出的东西却令人作呕。因此，不管你愿意与否，我不得不写些严肃的东西。

在契诃夫的一再恳求下，莱金同意他在周刊上刊载几篇较为严肃的作品。为此他有些担心："习惯于幽默趣味的读者会有什么反应？"

而读者越来越喜欢"契洪特"的短篇小说，他们对他的作品简直入了迷，可以从中领悟到意外的深意，体验出一种奇妙的感情。

契诃夫经过与莱金的巧妙周旋，给《花絮》的传统风格文学小品注入了严肃文学内容。在低格调的框框之内，写出了高格调的文学作品。

当短篇小说《漫不经心》落到莱金手中时，这位曾经以短篇小说而成名的作家终于折服了：

> 这的确是一个"可爱的小东西"，亲爱的安东·巴甫洛维奇·契诃夫，也许这是文学体裁的"革命"，我落伍了。我承认，我往日的风格已经变成了契诃夫的风格！你终于挤出了丑小鸭群，成为腾飞的白天鹅。

契诃夫与莱金两人的书信来往甚勤，他们深深地相互了解，而且也能够彼此容纳对方的差异。

但是，莱金总不免带着几分妒忌的心理监视着契诃夫，如果他在别的杂志上看到"契洪特"的名字，心里便老大不高兴。

但是契诃夫却并没有打算放弃其他的投稿园地，他写信告诉莱金：

> 我一个冬天晚上所写的稿，就能让你用上一个月，还绰绰有余，我写稿又不只是一个晚上的事。我写得很多，我不能不想办法"推销"，是不是？我每个月都必须赚到150卢布至180卢布，才能维持生活，如果仅仅依靠《花絮》所拿到的稿费，恐怕要餐风饮露了。

探索新的表现手法

契诃夫用各种笔名发表了许多精彩的小说,但并没有谁知道"契洪特"就是他。认识他的人,只知道他在给一些幽默刊物写点小东西。总之,他的写作没有受到周围的重视,他的名字也很少为人所知。

有一天,契诃夫在报纸上看到一则消息:作家加尔申昨日扑向飞转的旋梯自杀身亡,时年32岁。

契诃夫一下就震惊了,加尔申是他的好朋友,他一直很欣赏加尔申的幽默短篇小说。

契诃夫伤心而又愤怒:"都是无情的社会现实把他害死了!唉,他是多么善良的人啊!"

当时,在新沙皇亚历山大三世的统治下,全国一片白色恐怖,人民更加痛苦不堪。在全国青年学生运动的影响下,莫斯科大学的学生们也纷纷集会。契诃夫冷静而敏锐地觉察到,当时对社会生活表面上有影响的政治流派——伪善的资产阶级自由主义和堕落的民粹派都很软弱,他们不能改变苦难的俄国现实。

尤其是文化界，在高压政策下死气沉沉，毫无生气，使很多有才华的人消沉、堕落下去。他们看不到希望，在苦恼中憋闷、彷徨，最终走向毁灭。

加尔申是一个性格脆弱敏感的人，他就是在这"上帝诅咒"的时代患上了精神病。

而把契诃夫引入《花絮》的好朋友帕尔明，也沉迷于酒精的麻醉而不能自拔。因为他被检查官诬蔑为"红色分子"，指控"他的字里行间充满着毒汁"。

契诃夫去看他，帕尔明抱着酒瓶，红着眼睛对着契诃夫说："哈哈，真是笑话，'充满了毒汁'的'红色分子'。我是多么善良的人，安托沙你是知道的，我待人宽厚，他们反过来如此待我。那好啊，我从此扔掉我的笔，谁能写就让谁写去吧！"

当时在莫斯科大学许多优秀学者，如查哈林、斯克里法索夫斯基、季米良泽夫等，都是在俄罗斯科学界引以为骄傲的人物。他们以其鲜明的民主主义倾向、渊博的学识、精湛的讲授和炽烈的工作热情，深深地吸引了广大的青年学生，并在思想上和道义上给学生留下良好而深远的影响。

契诃夫就是在季米良泽夫教授唯物主义世界观影响下，逐渐由一个政治生活的旁观者，转变为民主主义的拥护者。

契诃夫尊重科学，密切注视科学领域内各个方面的新成就。在谈到医学与文学的关系时，他说：

> 我相信，学医对我的文学事业有着重大影响。它大大扩展了我的观察范围，充实了我的知识。这些知识对于我

的真正价值，只有自己是医生的人才能了解。

学医还有一种指导作用。大概由于接近医学，所以我才能避免犯许多错误。因为熟悉自然科学和科学方法的缘故，我总是加倍小心。如果可能，我就竭力考虑科学的根据，如果不可能，我宁可一字不写。

契诃夫在《花絮》里苦苦挣扎，努力冲破传统框框，改革旧风格。

当时，莱金虽然默许了"契诃夫风格"，但还是努力在形式上把他框住。这使契诃夫感到很为难。

于是他努力形成了简练、明确和活泼的文风。契诃夫那种在小小的篇幅里展现丰富、深刻的内容，提出巨大而重要的问题的本领，也是在这期间锻炼出来的。这显然要比幽默刊物的其他作者高明得多。

而契诃夫的高明之处就在于，他的小小说可以容纳中篇乃至长篇小说的内容。他的故事在逗人发笑之余能引人深思，在与其他幽默小品似乎没有什么区别的形式之内，蕴藏着某种为其他小品所无法比拟的深邃的东西。

契诃夫的格言是：

短——是才能的姊妹。
写作技巧——就是缩短的技巧。
写作的才能——简洁。
要善于长话短说。

写了再删，写了再删。

写作的艺术，其实不是写的艺术，而是删去败笔的艺术。

这既是契诃夫在真实生活中磨炼的心得，更是他探索出的新的文学表现手法。

一边行医一边创作

从1883年起，契诃夫试验了各种文体类型，但并没有任何严肃的意义，他不满足于自己只是一名幽默的作家，觉得自己好像小丑一般，仅在于博人一笑。

其实，他这时的作品已经与当年专门供市民们消遣的众多滑稽的故事截然不同了。把幽默与讽刺、喜剧与悲剧融合交织成不可分割的艺术整体，是契诃夫对文学的又一革新。

1884年夏天，契诃夫结束了大学生活，并以优异的成绩获得医学博士学位。同时，他的第一部小说集《梅尔帕米娜的故事》也出版了。这是对契诃夫具有重大意义的两件事。

《梅尔帕米娜的故事》共收集了发表过的6篇短篇小说，署名仍然是"契洪特"，二哥尼古拉为其设计了封面。

这时，母亲关切地问契诃夫："安托沙，你毕业后打算怎么生活？你这么投入写作，是不是要弃医从文了？那你这医学博士不是白学了。"

契诃夫笑着回答母亲说："妈妈，不会的，你放心好了。医学是我的'合法妻子',文学不过是我的'情人'罢了,我永远不会放弃医学,而文学则终究是要与它分手的。"

此时,契诃夫想按照自己深藏的愿望生活:以写作为挣钱手段,以治病为职业。

早在毕业之前,契诃夫就在给大哥的信中说过:

> 我现在出了名,我的文章有人评论。我的医术也在进步,我学会了治病救人,可我自己却不敢相信这是真的。恐怕没有我不了解的疾病。很快就要考试了,如果我能升到五年级,那就意味着"苦尽甘来"了。
>
> 我是新闻记者,因为我写了许多文章,但是我不会以记者为终生职业。如果我还继续写文章,那将是躲在角落里偷偷地写的。我将致力于医学事业,那是我成功的唯一道路……

而且,契诃夫也确实对医学抱有浓厚的兴趣,他经常去医院参观实习,观看各种手术,同时还为自己的穷朋友们看病,分文不取。他曾多次为作家波普多格洛治病。为了酬谢契诃夫,波普多格洛在逝世前将其大量藏书赠给了他。

叶甫盖尼亚却说出了另外一番话:"安托沙呀,你也不要说得那么绝对了。妈妈在没嫁给你爸爸之前,爱好文学,也写过小说,自从有了你们兄妹几个,忙得团团转,但是,我还是爱看些文艺作品的。"

契诃夫真诚地对母亲说:"妈妈说得也有道理。但我的'合法妻子'是您给我定下的,您是'大媒';但这'情人'却是我从小青梅竹马的红颜知己，我们两情相悦，难以割舍。"

母亲被儿子的比喻逗笑了，她理解地说："知子莫如母，我知道你的心思，只是但愿别把4年大学辛辛苦苦学来的医学知识丢了。"

契诃夫胸有成竹地说："放心好了妈妈，我自己的'妻子'我当然负责看好。我正准备去沃斯克列辛斯克，去年我在那里度假的时候，结识了邻村奇基诺医院的院长阿尔汉格尔斯基医生。我帮助他照看病人，给他帮了大忙。他还与我彻夜长谈，不但聊医学，还谈论时事政治、文学艺术，现在他那里正缺人。"

叶甫盖尼亚说："为什么要到你弟弟那个乡村去，乡下条件不如城里好，在城里凭你博士文凭又不是找不到工作。"

契诃夫说："我正想找个机会多接触一下农民的生活呢，另外，我还可以照顾一下伊凡。"

叶甫盖尼亚知道儿子的个性，也就不再说什么了。

早在1883年时，契诃夫的社交圈子就开始进入一个新的里程。弟弟伊凡已经在离莫斯科不远的小镇沃斯克列辛斯克教区小学任教。拥有一栋相当宽敞舒适的平房。所以，每年夏天，契诃夫都会到那儿去住，有时母亲、妹妹、米舍尔他们也去。

契诃夫在刚到莫斯科的几年里，几乎是一步都没离开过莫斯科，也许是觉得在莫斯科休息就行了。然而，他这时却想改变一下气氛。

沃斯克列辛斯克使契诃夫尝到了俄国的乡村风味，虽然比塔干罗格要小，但具有许多特别的异国情调，像古堡、外国人以及剧院，契诃夫很为之着迷。城市的生活几乎使他忘记了乡村的情趣。

现在，他又回到了乡村的怀抱，游水、钓鱼、散步、采拾蘑菇。每到傍晚，他和朋友到乡间散步，小孩子们走在前面，大人们便跟在后面，总是说个没完。

在他到奇基诺医院实习的时候,他工作有条不紊,认真仔细,对待病人热情耐心,给院方留下了良好的印象。院长阿尔汉格尔斯基十分赏识他。院长说:"安托沙最可贵之处是具有一个优秀医生应有的品质,热爱自己的病人,病人的精神状态总是强烈地吸引着他。"

那时契诃夫就提出:在药物治疗的同时,医生及周围环境从精神上给病人以影响是非常重要的。契诃夫这个观点得到了院长阿尔汉格尔斯基的肯定。

1884年6月25日,契诃夫给莱金写信说:

> 现在我算是住进了耶路撒冷新城。从此我可以过上安定的日子了,因为我的口袋里有了医生证书。
>
> 区级医生安·契诃夫

这年夏天,他以正式医生的身份来到了沃斯克列辛斯克镇,一下就被这里热情的乡亲们围住了。

镇长热情地与他打招呼:"安托沙大夫,欢迎您!"

当年受过契诃夫照顾的农民也喊着:"安托沙医生,有空您再给我看看吧!"

弟弟伊凡和镇长套上马车,送他到奇基诺医院去。一路上,两旁的人们都与他打着招呼。

镇长对他说:"老院长就要退休了,我看你来得正是时候,就由你来接替吧!"

契诃夫看着路边的花草,听着马蹄声和车轮声入了神,风儿掠起了他的长发。

镇长见他没有吱声,就着急的一下拉住了马缰:"怎么,安托沙,你不答应?"

契诃夫这才回过神来:"看病做医生我自信没问题,主持工作恐怕不行,我没有一点儿经验。"

镇长"专横"地说:"那有什么,一回生、两回熟,谁不是这么过来的?就这么定了。驾!"扬鞭打马又上路了。

契诃夫同意了,因为他想要更广泛地接触生活。在代理医院领导工作期间,他除了看病,还外出验尸,出席法庭审判,充当医务鉴定人。

有一次,他到乡下去为死于非命的人验尸,尸体放在街中心的一张大桌子上,一群看热闹的人把桌子团团围住。契诃夫把尸体翻转过来时,死人嘴里发出"扑!扑!"的声响。人们以为诈尸了,吓得四散而逃。

后来,契诃夫感到,医院的其他工作既单调,又令人气馁。他每天都要看三四十个病人,有的伤口化脓,有的拉肚子,有的患了肺炎或绦虫病。在这些憔悴的病人身上,他看到了农民的粗俗、无知、酗酒成性,托尔斯泰所歌颂的心地善良、具有大地赋予的深邃洞察力的农民形象到哪里去了?

为了摆脱穷困和乡村庸俗生活的困扰,契诃夫设想了一项庞大的计划:编写一部《俄罗斯医学史》。他想,这样一部论述性的著作,可以使自己在医学界有点儿名气。但是在阅读并注释了100多篇有关著作后,他的热情冷却了,因为他发现自己在这一方面显然缺乏想象力和敏感。

然而,契诃夫对医生和作家都不愿放弃。他热爱写作,但每次病人上门求医的时候,他都热心医治,医生毕竟是他的本行,而且医生的报酬也不错,比如为一位小姐治牙,虽未见效,收入却是5个卢布,为一位来该地度假的莫斯科女演员治疗胃病,收入3卢布。

契诃夫慢慢变成有经验的医生了,他也继续与附近有趣的名人接触,交友渐广。他的朋友中,有著名的学者,以亲斯拉夫民族的历史学家葛罗克瓦斯特夫为代表。麦夫斯基少校是炮科军官,使契诃夫接触到军人社会,这些社交接触,对契诃夫的创作和发展具有相当的重要性。

1884年12月7日,为向报刊供稿和治疗穷苦病人而日夜劳碌的契诃夫突然患病,先是干咳,嘴里有异味,接着就吐血了。

但是等他稍微一好转就立即开始门诊和文学创作。这年底,契诃夫写下了脍炙人口的名篇《变色龙》。

《变色龙》是契诃夫早期创作的一篇讽刺小说。在这篇著名的小说里,他以精湛的艺术手法,塑造了一个专横跋扈、欺下媚上、见风使舵的沙皇专制制度走狗的典型形象,具有广泛的艺术概括性。小说的名字起得十分巧妙。变色龙本是一种蜥蜴类的四脚爬虫,能够根据四周物体的颜色改变自己的肤色,以防其它动物的侵害。契诃夫在这里是只取其"变色"的特性,用以概括社会上的一种人。

最突出的是奥楚米洛夫这一人物,从他对下属、对百姓的语言中表现他的专横跋扈、作威作福;从他与达官贵人有关的人,甚至狗的语言中暴露他的阿谀奉承、卑劣无耻;从他随口喷出的污秽谩骂来揭开他貌若威严公正里面的粗俗无聊。同时,契诃夫故意很少写他的外貌神态,令人可以想象:此人在说出这一连串令人难以启齿的语言时,竟然是脸不变色心不跳的常态,由此更突出了这一人物丑恶的嘴脸、卑劣的灵魂。

奥楚米洛夫在短短的几分钟内,经历了5次变化。善变是奥楚米洛夫的性格特征。作品以善于适应周围物体的颜色、很快地改变肤色的"变色龙"作比喻，起了画龙点睛的作用。

如果狗主是普通百姓，那么他严惩小狗，株连狗主，中饱私囊；如果狗主是将军或将军哥哥，那么他奉承拍马，邀赏请功，威吓百姓。他的谄媚权贵、欺压百姓的反动本性是永远不变的。因此，当他不断地自我否定时，他都那么自然而迅速，不知人间还有羞耻事！

在小说一开始，这件具有象征意义的道具和它的主人就被作者展现在读者面前。新的军大衣本来是沙皇警犬的特殊标志，但在他看来，却是装腔作势，用以吓人的工具。作者以军大衣这一服装，交代了奥楚米洛夫的身份。

第二次写军大衣是在奥楚米洛夫听到有人说"这好像是席加洛夫将军家的狗"以后"把大衣脱下来"，他脱大衣不是因为天气热，而是"判"错了狗，急得他浑身冒汗。脱大衣的动作，既揭示了他猛然一惊、浑身燥热的胆怯心理，也表现了他借此为自己变色争取时间以便转风向的狡猾。这一"脱"，形象地勾勒出了这个狐假虎威、欺下媚上的沙皇走卒的丑恶心灵。

当他教训了赫留金一顿，忽听巡警说不是将军家的狗时，又立刻抖起威风。可又有人说："没错儿，是将军家的！"这时他大惊失色："给我穿上大衣吧，挺冷的。"这是第三次写他的军大衣。这里穿大衣则是心冷胆寒的表现，以遮掩他刚才辱骂了将军而心中更深一层的胆怯，并进而为再次变色做准备罢了。这里的一"脱"、一"穿"，热而又冷，把奥楚米洛夫凌弱畏强、见风使舵的丑态暴露无遗。

结尾，他教训了一通赫留金后，"裹紧大衣径自走了"。这里第四次写军大衣。既形象而又逼真地刻画了这条变色龙出尽洋相之后，又恢复了他奴才兼走狗的常态，继续耀武扬威、逞凶霸道去了。

总之，作品通过对奥楚米洛夫军大衣穿而又脱，脱而又穿，这4个细节的描绘，淋漓尽致地勾画出变色过程中的丑态，以及他卑劣的心理活动。

1880年至1884年间，他以不同笔名在莫斯科和圣彼得堡各种幽默刊物上发表了300篇文章，其中大部分是小品文，仅有几篇小说，如《阿尔比昂的女儿》《官员之死》《胖人与瘦人》《授勋》《外科手术》《变色龙》《求职考试》和《好办法》等。

在地方医院工作的见闻，使他有机会接触到乡镇生活的深处，他根据这段生活的体验，创作了《文官考试》《外科手术》《死尸》《哀伤》《在法庭上》《塞琳》《逃亡者》等小说。

决心弃医从文

1885年，在契诃夫的建议下，弟弟伊凡离开了沃斯克列辛斯克，到莫斯科一所高级小学任校长。而在莫斯科他们家的门上，却挂了一面上写着"安·巴·契诃夫医生"的铜牌。

回到沃斯克列辛斯克后，契诃夫在好友基塞辽夫的巴勃基诺庄园里租了一栋别墅。

1885年5月6日，契诃夫一家人分乘两辆马车，满载着皮箱、铁柜、行李袋以及书籍、纸张、果酱、炊具和茶炉等物，于深夜抵达别墅。

房门敞开着，他们进去点上了灯，契诃夫对房间的陈设赞叹不已，他在给米舍尔的信中介绍说：

> 房间很宽敞，家具应有尽有，一切都显得那样雅致、舒适、温柔。什么都准备好了：火柴、烟灰缸、香烟、两个洗脸池。
>
> 我们没有料到好客的主人竟然考虑得如此周到！在莫

斯科郊区，这样一栋房子每年租金至少要500卢布。

从这时起，契诃夫的家人在别墅里连续住了3个夏天。这是一个很美好的地方。有英式的花园、树林、草坪，还有清澈的小溪。契诃夫家人住的房屋就在花园的另一端。为了租这栋别墅，契诃夫向《闹钟》编辑部借了100卢布。

契诃夫简直被它迷住了，他写信给莱金说：

当我透过窗户观赏夜幕中的树木和河流时，感到心旷神怡。当我听到夜莺啼鸣时，简直不敢相信自己的耳朵。因为我忘了我已经不在莫斯科了。

住进巴勃基诺庄园之后的一个雨夜，邻村一个陶器匠的妻子来看病，她对契诃夫说："我家的房客，那个画家列维坦最近又经常犯病了。"

契诃夫听说列维坦就住在附近的一个村庄里，他高兴地跳了起来，列维坦是尼古拉在莫斯科绘画建筑学校的同学，他们兄弟们都是好朋友。

尼古拉曾经告诉过契诃夫："安托沙，听说列维坦最近患了忧郁症，企图自杀。"

契诃夫叫上伊凡和米舍尔，不顾外面正下着瓢泼大雨，兄弟3个披上雨衣，穿上长筒靴，提着马灯就往门外走。女房东带着3个人一直闯进列维坦的房间里。

契诃夫三兄弟坐下来，与列维坦谈笑风生，契诃夫还讲了不少笑话，慢慢地驱散了他心中的一些忧伤。

契诃夫于是经常去看列维坦，安慰他，每天陪他散步，并把他请到别墅自己的房间里住，他让列维坦注意从大自然中恢复对生活的兴趣。

列维坦以画家的视角，也对大自然充满了热爱："是啊，自然是美的，可人心险恶，怎能不让我忧愁……"

契诃夫鼓励他说："与其忧愁，还不如用你那神奇的画笔，给人们绘出美丽的大自然，让沉沦在苦难中的人透透气。"

"你说得对，那好吧！"列维坦支起画板，认真构图。

由于在田野和林间长时间地漫步休息，列维坦渐渐地恢复了对生活的信心。从此，他们结下了终生不渝的友情。

通过在地方行医，契诃夫有了与社会、人民更紧密的联系，尤其是与底层人民的联系。他目睹了现实生活中各种各样底层人民的命运。

1885年的夏天渐渐逝去，契诃夫一边抱病写作，一边为当地人民治病，他终于认识到，自己的天职是在文学方面。他决定弃医从文，返回莫斯科。

但这时，他重新为经济问题不安起来，由于没有钱支付欠下的别墅的房租，他不得不一再催促几家报社和杂志社。直至9月，才收到几家报纸寄来的稿费，这才携带全家踏上归途。

但契诃夫的健康状况却并没有好转，他又一次咯血了。返回莫斯科后不久，他又搬到了莫斯科市里河岸的一个街区居住。为了一家人的生活，他不得再次挂起"契诃夫医生"的招牌，一边为人治病，一边拼命写作，却忽略了自己致命的病情。

契诃夫的才华与日俱增。强烈的创作欲望，对真理的执著追求，以及高度的民主评论精神，使他在文学道路上勇往直前。他不满足于已取得的成就，不断探索，继续向新的高峰攀登。

随着时间的推移，契诃夫发觉自己已经越来越进入"严肃的领域"。在1885年以后，他渐渐疏远了那些博取读者一笑的娱乐性杂志，终于，他以新作家的姿态示人。以"契诃夫"的本来面目出现。

1885年写成的短篇小说《哀伤》就是他的一篇新型作品。

《哀伤》讲的是一个木匠送他老婆去看医生，赶上了暴风雪，老婆病死在路上，他自己也被冻断了四肢的故事。

故事一开始，作者就简单介绍并评价了主人公"木匠格里戈里·彼得罗夫，这个当年在加尔钦乡里无人不知的出色手艺人，同时又是最没出息的农民"，接着就看到木匠在风雪中赶着马车，自言自语，车上拖着他那垂死的老婆。

彼得罗夫"嘀嘀咕咕"地为他老婆虚构了一个场景：他把老婆送到医生那儿，医生"立即从他的诊室里跑出来"，接着粗暴地数落他，他厚着脸皮讨好卖乖。医生具体说了什么话，他又怎样回应……细致入微。

然后他发觉自己的老婆已经死了。彼得罗夫的恐慌与后悔被他面前的风雪危机和性格中的劣质掩盖却又止不住地不停冒出来。他哭了，他回忆往事，想到自己过去的行为，不知所措，无法挽回，只能想着"再从头活一次就好了"。

最后，彼得罗夫在医院从昏迷中醒来，极力维持自己的面子，直到发觉自己的手脚都冻坏了。

这个小说，契诃夫从多个角度使人物变得很丰满，读到最后，大家看到了一个贫穷、酗酒、懒惰、麻木、没地位、爱面子、打老婆、既可怜又无可救药的乡村手工艺人。

这个篇幅很小的故事,却像一部长篇小说,在读者面前展现了一个人的一生。它那哀伤的情调深深地触动了人们的心弦。

诗人帕尔明对契诃夫说:

> 我认为这是您迄今为止写得最好的一篇小说。这部充满生活真实的作品给人一种奇异的印象,让人觉得又好笑,又悲伤。它正同人民的生活一样,可笑与忧伤交织在一起。

创作一流的作品

1885年12月，莱金用自己的钱邀请契诃夫去圣彼得堡住两周，契诃夫还从来没有到过京城，因此高兴极了，于10日乘火车前往雾城圣彼得堡。

在圣彼得堡，契诃夫还结识了新闻界巨头、当时最大一家日报《新时报》的创始人兼社长阿列克西斯·苏沃林。他早就读过契诃夫的作品，因此一见面就主动邀请契诃夫同他的报纸合作，并允诺稿酬为每行字12戈比。

而且令契诃夫更感到高兴的是，《新时报》不像《花絮》有那么多限制，不但欢迎长稿也不限制稿件内容一定要幽默有趣。他回到莫斯科不久就给《新时报》寄去了他的新作《追思》。作品很快就在1886年2月15日发表了。

从此，契诃夫开始展露出另一端发展的现象，大半都是探讨人类的不幸，对于一个习惯于创作幽默作品的作家来说，这是一个很了不起的转变。

契诃夫的小说范围更广了，人物的刻画也更为深沉。他的作品渐渐受到圣彼得堡读者的注意。

契诃夫在诊治病人之余,即使有些闲暇时间,也很难集中精力写作。因为他的楼上是一家餐馆,那里不是举行婚礼宴请,就是大摆各类筵席,整天处在喧嚣之中。

写作条件不好也不能停笔,因为他不能辜负苏沃林对他的垂爱,尤其是作家葛里高乐维奇对他的评价,更使他信心百倍。

那是一天下午,契诃夫收到了作家葛里高乐维奇给他写的一封信。葛里高乐维奇虽然在国外名声并不很响,但在本国内却是一位受人尊重的老作家,他是19世纪40年代末"自然主义"的拓荒者,这时他已经65岁了,好几年来都没再写什么东西。但在当年,他同陀思妥耶夫斯基、屠格涅夫以及一些作家写些宣传"博爱"的作品,因此也被认为后来发展成俄国写实主义运动中的几个先驱之一。

信中称赞他为"具有真正天才"。看到信的末尾葛里高乐维奇的签名,契诃夫简直有些不敢相信自己的眼睛,不知道自己竟有这么了不起之处,承受如此的恭维。

契诃夫也充满感激之情,给老作家回了一封信,从此,他们就书信不断,契诃夫非常珍惜老作家对他的鼓励。

于是,在这些喧嚣的夜晚,契诃夫伏在桌子上,两手支着头发蓬乱的头,一双清澈深邃的眼睛,透过无腿夹鼻眼镜的镜片,镇静地盯着昏暗的墙壁,苦苦构思。

1886年,契诃夫又发表了一篇与《哀伤》类似的悲剧小说《苦恼》,他的悲剧因素明显增加了,从讽刺幽默中逐渐转向深沉,描写下层劳动人民的痛苦成为了他创作的一个重要主题。

在《苦恼》中,年老的约纳驾着马车在风雪中的圣彼得堡拉客,他刚刚失去了相依为命的儿子,急于找人倾诉自己的悲伤。但是,客人不是因急于赶路而不加理睬，就是因为他不用心拉车而叱骂他。在他们看来，自己要赶路显然比车夫死了儿子更为重要，况且，拉车的老头与自己有什么相干？"凭什么"要同情他？正是这种"凭什么"的心理使人们相互隔阂起来，失去了最起码的同情心。

在小说的结尾，老约纳无奈地抱着拉车的瘦马倾诉了好一阵子："比方说，你现在有个小驹子，比方说，这个小驹子去世了，你不是要伤心吗？"不但陌生人之间是相互隔阂的，甚至亲人之间也缺少交流。

《苦恼》引起了广大读者的共鸣。但这时，契诃夫虽然在苏沃林的再三鼓励下，仍然没有信心用自己的真名，而是依然用了"契洪特"的署名。他自己说：医学是一项严肃的事业，文学则是一种游戏，因此在同一时候从事这两项工作，应该使用不同的名字。

托尔斯泰认为《苦恼》是契诃夫当时的第一流作品。"这部作品显示了年轻作家对社会生活有了比以前深刻得多的认识。"

契诃夫对于约纳的苦恼，没有平铺直叙，也没有刻意渲染，而只是把它放在主人公与周围人的接触过程中来表现。约纳满腔苦水，想向人倾吐，而和他接触的人，却没有一个给他以倾吐的机会。就是在这一次次的欲诉不得的过程中，约纳的双重苦恼——失去儿子的痛苦和无人可诉说的痛苦，逐渐被揭示出来。而且揭示得层层深入，丝丝入扣，具有强烈的感染力。

契诃夫在《苦恼》中，轻描淡写地勾画出两个世界、两种生活：有钱人吃喝玩乐，穷苦人则哭泣悲伤，形成了鲜明的对比。

这一年，契诃夫同样以"契洪特"署名发表了另一篇杰作——短篇小说《万卡》。

《万卡》这篇短篇小说，既没有复杂多变的情节，也没有光彩照人的文学形象。作品通过描写主人公万卡的不幸遭遇，深刻暴露了沙皇时期童工的悲惨生活。契诃夫用沉静细腻的笔调把主人公万卡这个人物推至读者面前，即便是有可挖掘的幽默之处，比如小说结尾写错地址的细节，也写得暗含心酸，发人深思。

在《万卡》中，作者含蓄地塑造了受剥削受压迫的童工万卡的形象，那是真实的描写，不是作者本身的评论。

通过契诃夫的客观描写，读者可以看到"一双冷静地探索人类灵魂和社会本质的艺术家明澈的眼睛"，可以体会出作者巧妙隐藏在客观叙述中的爱憎情感。

以给爷爷写信为主体，构成了《万卡》这篇短篇小说的基本线索。在给爷爷的信中，万卡写道：

　　亲爱的爷爷，我在给你写信。我没爹没娘，只剩下你一个人是我的亲人了。

契诃夫借万卡之口，点明小主人公无依无靠的孤苦处境。9岁的万卡做学徒仅仅是3个月的光景，但这短短的3个月给他带来的是什么样的灾难呢？看看万卡的乞求吧：

　　亲爱的爷爷，发发上帝那样的慈悲，带我离开这儿回家吧！我再也受不了啦，不然我就要死了。

只有3个月，一个天真活泼的孩子就发出这样的哀号，足见其受压迫之深。这充满童稚的乞求，带给读者的心灵震颤远远大于对黑暗的童工制度的批判嘲讽。

在描写万卡所遭受的非人待遇时,契诃夫更加小心谨慎地让万卡自己在信中说明,而不添一丝一毫的评语感叹:

> 昨天我挨了一顿打,老板揪着我的头发把我拖到院子里拿皮带抽了我一顿。

挨毒打的原因仅仅是因为万卡在摇老板的小娃娃时,一不小心睡着了,一个小小的疏忽竟然招致一顿暴打。老板的孩子睡在摇篮里,而又困又累的万卡却连眼也不能合一下。朴素的陈述中蕴涵着作者极大的愤怒,这种用事实说话的手法贯穿于短篇小说《万卡》的始终,使其具有巨大的艺术震撼力,谁能不为万卡的不幸而伤心流泪呢?

从童工的眼中来看世界,来看冷酷的社会。《万卡》篇幅虽然很短,却把一个受尽苦难的童工万卡刻画得栩栩如生。

契诃夫曾经说过:

> 写短篇小说不应该有过多的人物,以免把笔墨摊开而分散了读者的注意力,从而破坏了文学的凝聚力和感染力。

在短篇小说《万卡》中,主要人物有3个,那就是万卡、鞋店老板和爷爷。出场的只有万卡一个人,作为反面人物的鞋店老板虽然一直没有露面,仅在小说中若隐若现,却给万卡造成了极大的心理压力。

爷爷是伴随着快乐的童年记忆并且象征着脱离苦海的希望,出现在万卡的回忆和憧憬中的。这样处理之后,爷爷和鞋店老板就构成了一明一暗的两道布景，万卡则被推到读者面前，展现他的快乐，他的悲伤。只用 3 个人物，就把一部短篇小说拉开了层次距离，这正是《万卡》这篇短篇小说独特角度、精湛技巧的艺术融会。

万卡单调的写信，可在小说里却是个鲜活的人物，这有赖于作品的艺术魅力。契诃夫的《万卡》，独特的角度、精湛的技巧，绝妙地体现在从外部动作和内部蕴涵两方面来刻画万卡的心理。

万卡的动作多是带有悲伤或恐惧色彩的，只有在写信后才显得欢快起来。万卡在写信前，"好几次战战兢兢地回头看门口和窗户，还斜眼看了一下那个乌黑的神像"。他没法摆脱这种神像给他心灵带来的阴影。鞋楦头就更可怕了，它不仅象征着堆积如山的工作，还常常带给他以毒打。

写信的间隙中，万卡小小的心灵中充满惆怅和悲伤，"玻璃窗上映出他和蜡烛的影子"，这句描写将黑暗中孤独孩子伴着孤灯写信这幅令人心酸的图画栩栩如生地呈现在读者面前。

万卡向爷爷发出求救的哀告后，陷入极度的悲伤中。他终于忍不住，"嘴角撇下来，举起黑拳头揉眼睛，抽抽搭搭地哭了"。

万卡这种悲伤与写完信后的欢快判若两人：

  他想到写信的时候居然没人来打扰，觉得很痛快，就戴上帽子，顾不得披羊皮袄，只穿着衬衫，跑到街上去了。

写完信后连衣服也顾不得穿就去邮信，可见他希望获救的心情多么迫切。而他愉快的心情建立在这封求救信上，仿佛信一写完他的苦日子就到了头，这天真的想法非常符合儿童的心理，却使读者更添悲伤。

《万卡》的结局，似乎是小说发展到最后的必然结果，实则更具不朽的魅力，有两点耐人寻味。

首先，信的地址是"寄乡下祖父收"，读者不禁痛心，这个连信都写不明白的孩子，怎么能摆脱悲惨的命运呢？因为寄托了他全部希望的信永远寄不到爷爷的手里。

其次，万卡在邮完信后做了一个梦，梦中看见"一个炉灶，炉台上坐着祖父，耷拉着一双光脚，对厨娘们念信。泥鳅绕着炉子走来走去，摇着尾巴……"这梦，是痛苦惨然的暗示。

万卡的梦只能是儿童玫瑰色的梦，血淋淋的现实仍在老地方等着他。这既给读者心灵以震颤，也给万卡的惨淡人生添上了悲剧的色彩。

到这个时候，契诃夫对他的写作前景充满了希望：

> 我的希望全部寄托在将来，我现在只有26岁。虽然岁月不等人，我相信我会有所成就的。

震惊文坛的《草原》

　　1886年以后，契诃夫的作品不断在著名的《新时代》发表。同时，在葛里高乐维奇、苏沃林以及普列谢耶夫等文学大师的关注下，契诃夫的名声很快就传遍四方了。

　　秋天，契诃夫一家人从巴勃基诺出来后，又搬到了库德林花园街的一幢小楼房里，这套房子虽然房租贵得吓人，但是各个房间设计合理，又靠近市中心，而且环境优美，所以大家也很满意。契诃夫还给这幢楼房起了个名字叫"五斗橱"。

　　晚上总有兄妹们的朋友来聚会，尼古拉弹钢琴，然后大合唱，接着是一片欢声笑语。每逢重大节日，家里就会格外热闹，尤其是圣诞节和复活节的时候。

　　有一天，老作家葛里高乐维奇从圣彼得堡来到莫斯科，晚上去探望契诃夫。契诃夫在楼下的书房里与这位慈父般温暖的老前辈热烈拥抱。

　　正巧，楼上的客厅里聚集着一大群年轻人，包括契诃夫的兄弟、同学以及妹妹的女友们。音乐声、说笑声响成一片。

葛里高乐维奇一边与契诃夫交谈，一边不时向楼上张望。后来他干脆上到楼上，情不自禁地加入到年轻人的嬉戏中去了。事后老人感叹道："你们哪儿知道，契诃夫闹成什么样子！那才是真正的狂欢节！"

列维坦、柯罗连科、格鲁津斯基、谢格洛夫更是"五斗橱"的常客。契诃夫非常敬佩柯罗连科，与他始终保持着亲密的友谊。

柯罗连科蓄着大胡子，从大学时代就接近革命人士，阅读禁书，后来因为参加学生运动而被捕，被驱逐出莫斯科。1880年亚历山大二世遇刺，他又第三次被逮捕并放逐。1881年亚历山大二世被刺死后，柯罗连科拒绝以政治犯的身份向沙皇做效忠宣誓，因此又被放逐到西伯利亚。但他在多次的苦难折磨中，始终以强者的姿态，写下了大量小说。1885年获释后，警察仍然密切监视他。

契诃夫不但喜欢柯罗连科的作品，更敬重他的为人。他曾表示："柯罗连科是个很好的人，跟这个汉子并排走是件快活的事，就是跟在他后面走也是件快活的事。"

由于这些优秀人物的光临，"五斗橱"四壁增辉。

但是，契诃夫毕竟还要赡养一个大家庭，虽然他也非常愿意与朋友们一块玩耍，但在刊物催稿的情况下，只好抽时间一个人躲在书房里工作。

一次，柯罗连科询问契诃夫的写作情况："在这种门庭若市的情况下，你是怎么编故事的呢？"

契诃夫随手拿一个烟灰缸放到柯罗连科面前，说："明天，它就是个故事！题目就叫：烟灰缸。"

令契诃夫欣慰的是，大哥亚历山大从麻木不仁中走出来，变成了一个明理的人。契诃夫替他在《新时代》找了个记者兼校对的工作，他住到圣彼得堡去了。

亚历山大也成了弟弟在首都的代理人。他经常到报社索取弟弟的稿酬，替契诃夫向出版社和同事转递信件，同时注意契诃夫著作的销售情况。

1887年3月初，契诃夫得知大哥染上了伤寒病，于是立即动身前往圣彼得堡。到达那时，却发现亚历山大身体很好。亚历山大对弟弟说："我最近情绪不好，心里很害怕，就给你发了电报。"

恰巧，亚历山大的妻子真的染上了伤寒，契诃夫竭尽全力帮助治疗，使她恢复了健康。

在这次逗留中，苏沃林提出将出版一部契诃夫的小说选集，并付给他预支稿费300卢布。

契诃夫欣喜地带着这笔意外的收入，不顾感冒返回莫斯科，赶紧处理日常事务，匆忙写了《伤寒》《生活的烦恼》《迷》等几篇小说，并立刻寄给了苏沃林。做完这一切之后，他怀着幸福的心情，孑身一人返回了故乡塔干罗格。

离开故乡8年了，然而这次塔干罗格的一切都使契诃夫感到不快和烦恼。已经习惯了莫斯科和圣彼得堡繁华大城市的生活，契诃夫感到这里的空气污浊，这里的人们行动迟缓，人们似乎停留在另一世界里。

他问自己："我为什么魂牵梦萦地回到这里来，我为什么要长途跋涉回到这里来？"

在返回莫斯科之前，契诃夫决定要再去看一看故乡的草原，看一看哺育他成长的大自然。契诃夫是在草原上长大的，但是从中学之后，他就与草原分别了。

那广阔无垠的旷野，那带着花草香气的阵阵熏风。他躺在一望无际的天穹之下，看着空中翱翔的鸟儿，盘旋的苍鹰。

看到这些自由的精灵，契诃夫既高兴又伤感，作为人，他的灵魂可以在天空翱翔，但身体却无法腾飞。

啊！大草原，洋溢着青春的气息，充满着生命的活力！

迷人的草原风光让契诃夫展开了遐想的翅膀：童年时期，母亲曾给他讲述过，年轻时穿越森林、横跨草原去寻找外祖父的坟墓的情景；暑假的时候，曾经到祖父的庄园上去游玩，在那里的顿涅茨草原上疯闹；多年之后，我再次回到故乡，回到草原，却物是人非。

这时的契诃夫，正在思索一种艺术上的革新，他很想写一些诗情浓郁的作品，尝试运用更加广阔的中篇小说的样式进行创作。

柯罗连科曾一再鼓励他写中篇，契诃夫听从了他的建议，决定把童年时代最宝贵的印象与这次重返故乡作为素材，创作一部中篇小说，写一篇题材截然不同的故事。用他自己的话说，将是"一部草原百科全书"，作品的题目就叫《草原》。

《草原》本身并无复杂的结构，全文自始至终由"旅行"牢牢占据着，由一个9岁孩子的视觉和心理记录牢牢控制着……它不是用矛盾，不是借外部人物事件的冲突来建立故事，而是借巨大的景色美和人的生存企求之间的对比、落差以呈现小说主题。作为生命容器的大自然是如此令人迷恋、陶醉，而这美丽器皿中盛放的竟是无数艰辛、酸楚、命运的粗暴。

在《草原》中，几乎没有任何人物间的对立，表面上被打扫得干干净净。但命运的挣扎感、无力感、被掠夺感、控诉感、悲怆感，却像无处不在的阴雨和空气一样低低地笼罩着草原和草原上的流浪汉们，让人疼痛，让人凄然和震颤。

刚开始的时候，契诃夫感到，要叙述一个大草原的千姿百态而不让自己和读者生厌，实在不容易。故事没有任何情节，这就更难办了。随着写作的进展，契诃夫又恢复了信心。他承认，他写作《草原》，就像"一个美食家品尝一只山鹬"，津津有味而又不慌不忙。他写信告诉普列谢耶夫说：在写作时，我仿佛觉得周围散发着夏日草原的气味。

契诃夫的《草原》，笼罩着一股巨大而不朽的宗教苦难气息和命运神秘氛围。假如这苦难得不到足够的舒展和充盈，那它就始终是混浊、磐重沉闷的，只能像顽石一样造成压抑，而不会诞生美。

契诃夫的成就即在于赋添了这苦难以饱满的亮度和梦幻色彩，忧郁黑夜里突然奇迹般的有了歌声，有了橘色的神明的篝火。严肃中分泌出微笑，荆丛中爆绽出花朵。这亮度源自几个人物的出现，他们代表着恶劣命运中的另类，表现着苦难世界上的另一种活法。正是他们的莅临，给草原和主人公吹来了一股心灵惊喜和暖流。

草原充满诗意的景致与童话般富于变幻的生活场景的描绘，表明作者不仅对生活诗意具有敏锐的感受力，而且对祖国未来命运充满了自信心。另一方面，那酷暑下沉闷的草原，无疑又成了令人窒息的俄国社会生活的象征。

不到一个月的时间，契诃夫就写完了草原的故事，他立即把它寄给了普列谢耶夫主持的《北方通讯》，并请他发表意见。

5天后，契诃夫收到了普列谢耶夫的来信，信中对《草原》赞不绝口：

> 我如饥似渴地读完你的中篇小说。一开始阅读我就爱不释手了，柯罗连科的看法也和我一样。作品非常出色，

妙笔生花，诗意盎然，而又具有深刻的意义。这是一部扣人心弦的作品。

《草原》会打开我们同代人的眼睛，让他们看见有什么样的财富，什么样的美的宝藏，始终还没人碰过，因而对俄罗斯作家来说路子是不窄的。

你极有前途，有非常光明的前途。加尔申为之倾倒，波勃雷金对您五体投地，认为您是现时小说家中天分最高的一个。

普列谢耶夫信中提到英年早逝的加尔申，是一位极有天才的青年作家，擅长写短篇小说，代表作《小红花》享誉文坛。加尔申与契诃夫曾是相识不久的青年朋友，但两个人一见如故，感情甚笃。

《草原》在《北方通讯》3月号上发表后，读者及评论界立即作出了极其热情的反应，引起强烈轰动。

《新时代》评论家布列宁说：

他新发表的《草原》，是足以同俄罗斯艺术的杰出成就相媲美的，他与果戈理、托尔斯泰可以相提并论。

托尔斯泰说：

他的才能比莫泊桑更精深。

高尔基一语定判：

非凡的文学天才！

而更让契诃夫惊喜交集的是，《北方通讯》编辑部竟然付给了他1000卢布的稿酬！

自从发表《草原》后，当时刚刚25岁的契诃夫，便跻身于第一流作家的行列，成为俄罗斯文坛上举足轻重的人物。

尝试剧本创作

1887年,从塔干罗格回到莫斯科的第二天,契诃夫又去了巴勃基诺。可是,在那里他也找不到往日的欢乐和灵感了。他只感觉房间阴冷,天空低沉压抑,他的情绪一天比一天坏。

契诃夫写信向莱金抱怨说:"好久以来,我没有写出任何东西,但这并不意味着思想源泉已经枯竭。3个星期以来,我一直心情忧郁,不愿迈出家门一步,手无握笔之力。总之,这是你所不相信的烦躁心情。在这种精神状态下,我是绝对不能工作的。"

这一天,在一个小客店里,契诃夫恰巧遇到了小说家、剧作家谢格洛夫,他们两人彻夜畅谈戏剧创作,契诃夫创作剧本的愿望又一次被鼓动起来,他决心写一部多幕情节剧。

1886年春天,科尔什剧院的经理科尔什先生曾经两次请契诃夫写个剧本,当时契诃夫并没有太重视,他甚至对基斯列夫夫人说:"显然,我不会写剧本。我不会与剧院和观众打交道,让他们见鬼去吧!"

但是,后来在他与科尔什的一次交谈中,两个人最后竟然打起

世界名人传记文库 | *081*

赌来，契诃夫冲动地说："我可以在两个星期之内完成一部大型剧本。"于是，当天夜里他没有睡着，躺在床上想出了一个题材：

那些很有才华的朋友，他们都是天才，但却为社会所不容，自己又没有勇气，到头来闹了个可悲的下场。加尔申、帕尔明，还有自己的大哥、二哥。这个剧就写现实社会中知识分子精神崩溃和消沉堕落的命运，通过它唤起人们对这类人的同情，挽救他们，使他们能发挥自己的才能，去实现自己的理想。

因此，本剧的主人公应该是一个概括性的形象，他不是哪个具体的人，而是一个代表着一整批在现实要求面前破产了的知识分子活动家的典型。就定名为诺维奇·伊凡诺夫吧！要不干脆就叫伊凡诺夫还简单些。

契诃夫写给亚历山大的一封信中阐明了创作《伊凡诺夫》的动因：

> 现代剧作家一开笔，就专写天使、恶棍、小丑，可是你走遍全俄国去找一找这种人吧！不错，找是会找着的，然而他们的相貌绝不像剧作家们所需要的那么极端，我要与众不同。不描写一个坏蛋，也不描写一个天使，不斥责什么人，也不袒护什么人。

结果，契诃夫仅用了10天就写成了。

青年时代的伊凡诺夫对生活充满热情，敢于尝试一切新鲜事物。政治、社会、爱情、经济，似乎一切的一切都难不倒他。不论是搞那些华而不实的农业管理改革，还是冒天下之大不韪跟一个犹太女人结婚都是他与生活的真切拥抱。

然而，这只是伊凡诺夫的过去，一个很美却不复回来的过去。正如剧中人萨莎所说："这是一个了不起的人，可惜您没有在两三年前认识他。现在他变得忧郁，不爱说话，什么也不干，可是以前他多么可爱啊。"

像大多数俄罗斯知识分子一样，伊凡诺夫总觉得自己的现在比过去糟糕。契诃夫把这种感觉称为"俄罗斯人冲动的独特性质"。他说："俄罗斯人的冲动有一种独特的性质：它很快就被厌倦所取代。这种人刚离开学校的凳子，就莽撞地担起自己的力所不及的担子。"

这个对与他自身本不甚相关的议题深感兴趣并妄想扭转乾坤的年轻人，反被那些乱糟糟的事情折磨得早衰了。在剧中，伊凡诺夫不止一次地说到"厌倦"这个词。他身心疲惫，可又不明白自己起了什么变化，出了什么差错；他对此感到害怕，但无论是他自己还是旁人都无法对此作出一个合理的解释。

伊凡诺夫的厌倦使他变得冷酷和麻木，妻子病重甚至可能夭亡的消息都无法让他觉得留恋和惋惜。他内心的变化违背了他的正义感。

他在外界寻找理由，没有找到。就开始在内心寻找，却只找到一种模糊的犯罪感觉。契诃夫说："这是俄罗斯才有的感觉。俄罗斯人碰到家里有人死了，或者害了病，或者欠了别人的钱，或者借给别人钱，总是觉得自己有罪。"

如果在厌倦、烦闷和犯罪感外还要添上一个敌人，那就是孤独感。伊凡诺夫似乎不缺少朋友。然而，那些已经将糊涂和麻木视为正常的酒徒、赌棍和财迷们都无法明白他内心的感情变化。漫长的夏天、漫长的傍晚、空旷的花园、空荡荡的房间、发牢骚的伯爵、生病的妻子，他无处逃遁亦无路解脱，只能不停地问着自己那个无解的问题："该怎么办呢？"

即便出现了萨莎这样的"红颜知己"，伊凡诺夫依然难脱困境，甚至反而因为妻子尼娜的病重又套上了一副道德的枷锁。

剧终时，伊凡诺夫终于在婚礼上自杀了，这并非出于追求剧场效果而设置的惊悚场面，而是人历经幻灭、冷淡、神经脆弱和爆发之后的必然趋向。

伊凡诺夫的悲剧不是他个人的，而是全俄罗斯的。这个被寒冷和空旷所充斥的国度里，人们用酒精和蠢话维系着空洞庸俗的生活。这些是让契诃夫深为痛心且难以容忍的。他已经在《烦恼》等小说中呈现了这种大家司空见惯的"不正常"，《伊凡诺夫》正是这一主题的舞台化。契诃夫创作《伊凡诺夫》一剧时的良苦用心正在于此。

《伊凡诺夫》一剧的首要特征就是"俄罗斯的"。它恢复了俄罗斯戏剧的优良传统，将戏剧与所处的时代紧紧联系起来，让舞台上的人物真正地"讲俄语"，演俄罗斯人的生活。

伊凡诺夫这些共性是情绪性的，因此他不只代表他自己。他的个人性格是时代和社会的一面镜子，反映着整个俄罗斯社会的处境。

此外，《伊凡诺夫》的意义还在于重新提醒世人，什么是剧作家对于舞台的真正作用。

在19世纪80年代，"戏剧作家"这个概念，实际上等同于第二流文人。当时的剧场已丧失了从前那种与文学的牢固联系：从奥斯特洛夫斯基逝世到契诃夫舞台艺术诞生以前的这一段期间，在俄罗斯剧作中是属于匠艺凯旋的时期。匠艺戏剧的规格从未突破过的虚假的、千篇一律的描写。

粉碎旧传统，需要天才的文学大师，需要契诃夫和他所带到舞台上来的那种充满了诗意和生活的惊人的才能，这样才又使文学回到了剧场。

《伊凡诺夫》一剧重新拾起了戏剧与当代生活的紧密联系，在心灵的层面上唤起了俄罗斯人与戏剧艺术的关联，从价值层面上返回到了戏剧的民间传统。

剧本完稿后，契诃夫又抄了几份，一份寄给苏沃林，一份寄给谢格洛夫。然后，他就拿着剧本跑到科尔什剧院洽谈演出事宜。

当契诃夫把剧本向演员们朗读了一遍之后，大家都听得入了迷。科尔什当即拍板："我院接受该剧演出！如果轰动，我给你演出收入的8%。"

契诃夫很高兴，因为这意味着他将会有6000卢布的收入。为了保证演出质量，他又率领演员们投入了紧张地排练中。

不久，剧本在圣彼得堡已经争相传阅了，人们都盼着此剧能在首都演出。而有些等不及的人已经驾车到莫斯科来了。

1887年11月19日，契诃夫的戏剧处女作《伊凡诺夫》在科尔什剧院首次公演。

科尔什剧院的秩序一向非常混乱，通常在戏开演后又是鼓掌又是起哄，闹个不休。但是上演《伊凡诺夫》的时候，场内静悄悄的，观众专心致志地看戏，这种现象是空前的。契诃夫的戏剧第一次演出就紧紧扣住了观众的心。

《伊凡诺夫》演出后，受到部分观众不绝于耳的赞赏，但也有不少反对的声音。街头巷尾都在谈伊凡诺夫、萨莎和利沃夫。令所有人都很激动的是：观众领悟了剧中主人公的典型现实意义。

随后，契诃夫又把剧本做了针对性的修改，并推荐给了圣彼得堡皇家剧院亚历山德拉剧院。

1889年2月，《伊凡诺夫》被亚历山德拉剧院选为纪念该院老导演费道罗夫·尤尔阔夫斯基戏剧活动 25 周年的福利演出剧目。演员阵容强大，演出十分精彩，引起极大轰动，并获得成功。

演出刚一结束，心跳加剧、双膝发软的契诃夫来到后台，向担任主角的俄罗斯著名演员达维多夫及其他演员们祝贺，又在欢呼声中走到前台向观众致意。

演出第二天，契诃夫的一位狂热崇拜者为庆贺演出成功举办宴会，并频频举杯向契诃夫祝贺。在祝词中，他郑重的把契诃夫比作是不朽的格里鲍耶陀夫。

契诃夫听后受宠若惊，事后他自嘲说："莎士比亚也没有听到过像这样对自己的赞美。"

作家列斯科夫在看完此剧后在日记中写道："一出富于智慧的戏剧；一个才华横溢的剧作家。"

获得"普希金奖金"

1887年和1888年,契诃夫的小说集《在黄昏》《天真的话》《短篇小说集》相继问世。

1887年12月5日,契诃夫在莱金的杂志上发表了短篇小说《狮子和太阳》之后,就结束了他为《花絮》杂志的撰稿工作,从而结束了"契洪特"时代。

契诃夫给莱金的告别信写得情真意切,阐明了自己开始新的探索的坚定决心。

在他写给普列谢耶夫的信中,非常明确地表达了自己要当一名真正作家所遵循的纲领:

> 我心目中最神圣的东西是人的身体、健康、智慧、才能、灵感、爱情、最绝对的自由——免于暴力的虚伪的自由,不论这暴力和虚伪用什么方式表现出来。

他听从葛里高乐维奇的建议,从此正式署上"安东·契诃夫"

的真实姓名，以全新的面目出现在世人面前。从此，他完全摆脱了滑稽和诙谐，"契洪特"的风格不再出现了。

《在黄昏》是献给葛里高乐维奇的，第一次署名"契诃夫"。

苏沃林不仅迅速地把《在黄昏》推销出去，而且热情地支持了把此书推荐给国家科学院"普希金奖金"获奖作品的建议。

契诃夫知道后，写信给葛里高乐维奇说："授予奖金这一思想是由波隆斯基提出的。苏沃林赞成这个思想，并把我的书送到了科学院。请您同意我的看法：要不是仗着你们三位，我就看不到这笔奖金，就像我看不见自己的耳朵一样。"

1888年10月，经过权威鉴定，科学院最后决定颁给契诃夫"普希金奖金"500卢布。

这种成功完全出乎契诃夫的预料，全家人也都沉浸在胜利的喜悦之中，老巴维尔与叶甫盖尼亚竟当着邮差和众人的面搂在一起，又蹦又跳，热泪盈眶。

但契诃夫并没有陶醉在喜悦中，获奖反而给他带来了烦恼，崇拜者的颂词越是热烈，他的头脑就越发冷静，他写信告诉亚历山大说："奖金啦、电报啦、贺喜啦、朋友啦等，所有这些弄得我心里乱糟糟的，我被搞得昏头昏脑。就连玛丽雅也因为她是一个名作家的妹妹而不得安宁。把我赞美得过了分，我的文学名声这样增长，造成拖稿和应酬特别多，其后果是拼命干活，精神疲劳，没有一天是安安静静度过的，随时都觉得如坐针毡。"

在给葛里高乐维奇的信中，契诃夫谦逊地说："当然，奖金是件大事，但不是对我一个人来说是这样，我不应把获奖这件事归功于自己。有些青年作家比我高明，更为社会所需要，例如柯罗连科就是一个很好的作家，一个高尚的人，如果把他的书送上去，必然会得到这笔奖金的。"

这一年,是契诃夫幸福的时期:首次尝试剧本《伊凡诺夫》演出成功,描写故乡风光的《草原》震惊文坛,《在黄昏》荣获普希金奖金。

从此他成了名作家。

但契诃夫明白,人们之所以爱他、赞颂他,是因为把他看成不平常的人了,而他却觉得自己只是个凡人而已。他的功劳只在于"给平凡的地图着上了颜色",把小作品"下等人"的题材,提高到宏伟的文学样式的水平,提高到了俄罗斯生活的伟大史诗般的境界。

哥哥去世思考人生

1888年12月,契诃夫与俄罗斯伟大的作曲家柴可夫斯基终于在圣彼得堡相见了。

契诃夫早就很欣赏柴可夫斯基的音乐,他经常赞叹道:"人竟能创造出如此的奇迹!"他在柴可夫斯基身上发现了和自己一样的相近之处。在给柴可夫斯基的弟弟莫戴斯特·柴可夫斯基的信中,契诃夫写道:"我愿做一名光荣的卫士,日日夜夜守护在彼得·伊里奇的门旁,我尊敬他到了如此程度。"

莫戴斯特在给契诃夫的回信中说:"我哥哥对你写的关于他的话非常高兴,甚至感到有些受宠若惊了。他很喜欢你的小说,早在一年前,他就被这些作品迷住了,他给你写了信,寄到《新时代》编辑部,但你没有收到。"

两人见面后,契诃夫对柴可夫斯基的淳朴、谦逊和善良深为震惊。

同样,柴可夫斯基也早从这位年轻作家的作品中感到了一种与自己非常接近的创作神韵。这次会面也给他留下了深刻而良好的印象。

后来，柴可夫斯基还专程到"五斗橱"来探望契诃夫，两个人再次倾心长谈，非常投机。时间在愉快的谈话中不知不觉地过去了。

应契诃夫要求，柴可夫斯基送给他一张照片，上面写着：

安·巴·契诃夫留念
您的热烈的崇拜者彼·柴可夫斯基敬赠

这次相会和互赠照片之后，两个人都沉浸在幸福之中。契诃夫无论搬到哪里，总是把这张照片挂在他书房的墙上。

契诃夫全家都爱好音乐，尤其是尼古拉。他的艺术天赋极高，不但擅长绘画，还会演奏各种乐器。但遗憾的是，他并不珍惜自己的才华，甚至生命。他因为酗酒过度，身体垮掉了。

契诃夫一直劝他："勇敢地唾弃旧习，打碎那些酒瓶酒罐吧，我们都在等着你。"

1889年3月，在外游荡的尼古拉患了伤寒，不久又发现他得了肺结核。契诃夫竭尽全力地护理他，伤寒好了，但肺结核却逐渐恶化。契诃夫知道，二哥的身体过度虚弱，单凭药物疗效是不行的，必须休息疗养。

于是，他又向乌克兰苏梅附近的朴岗尔河畔鲁卡村的林特瓦列夫一家租下了一幢别墅，在4月底同尼古拉一起动身前往鲁卡村。

夏天，契诃夫一家都来到了鲁卡村，田野的妩媚风光迎接了他们。鲜花盛开的苹果林和樱桃树，啼啭不停的黄莺和布谷鸟，还有亲爱的朋友们，一切都使尼古拉感到心情愉快，病情也在大自然的抚慰中逐渐好转。可是欢乐并未持续多久。尼古拉的体温忽然一天比一天高，健康一天比一天坏。他不能躺下，只能靠在扶手椅上睡觉。

契诃夫日夜守护在二哥身旁，看着二哥像燃烧着的蜡烛日渐衰竭，同样得过肺病的契诃夫也想到了自己：从1883年至当时，他已经反复咯血11次，身体也发出了严重警告。

契诃夫忧心忡忡，长时间的护理，使他的思想陷入极大的痛楚与焦灼之中，体力渐渐不支，精疲力竭。

大哥亚历山大虽然仍不改邪归正，但契诃夫还是给他写了一封信：

"尼古拉患的是慢性肺结核，这是不治之症。问题不是他何时能够痊愈，而是他的病还能拖多久？"

在兄弟亲情的感召下，亚历山大马上在6月中旬来到了鲁卡村。伊凡也先期来到，这时契诃夫才有了喘息的机会。

于是，他抽出时间前往波尔塔瓦，去拜访一下他的朋友斯马金一家。半路上下起雨来，他在夜间赶到斯马金家，浑身都湿透了。

第二天早晨，契诃夫起身踏着泥泞来到屋外，天气依然很坏。他刚想到准备购置的那座庄园去看看，就看到一个农民拿着一封打湿了的电报走来，他心中立刻涌起一种不祥的预感。果然，拆开一看，上面写着"尼古拉于6月23日凌晨逝世"几个字。

契诃夫心如刀绞，冒着大雨、严寒与狂风，立刻往回赶，于第二天早晨返回家中。

家里人告诉契诃夫，尼古拉在弥留之际挣扎着要起来画画。人们告诉他外面正在下雨，他吃力地说了一声："契诃夫还没有回来吗？告诉他说我死了。"然后就咽气了。

尽管契诃夫旅途劳顿，但还是由他负责办理了后事。葬礼上大家都放声痛哭，只有契诃夫一个人强把泪水往肚里咽。

尼古拉死后，契诃夫的心像被撕裂了一样，他感叹才华出众的哥哥的猝死，也在回顾自己的生活之路，思考人生的意义。

9月，契诃夫回到莫斯科，咳嗽加剧，并且吐血。他告诉朋友："嘴里吐出来的血有一股凶气，颜色像晚霞一样。"

这段时间，契诃夫做着剧烈的精神斗争，写出了中篇小说《乏味的故事》。他9月5日赶的回莫斯科，到13日就告诉吉洪诺夫这部小说已基本写完了。

《乏味的故事》对老教授的学术地位给予了绝对的肯定。但是，随着年龄的增长，主人公已经失去了掌握和驾驭工作的能力。从前的他可以自如地控制课堂，现在却感到力不从心；从前他是工作的主人，现在是工作的奴隶。

对于自己毕生从事的学术事业，老教授有自己的原则，他反对尼古拉似的刻板地做"科学的工人"，其实这就意味着教授反对让学术工作异化从事学术的人。他认为只有从事自己的理解和创造的学术工作才是有意义的。同样，他反对学生向他讨要论文题目，不愿意为考试不及格的学生提高分数。因为所有的这一切都会使他从事的学术工作失去意义，而同时他也会失去事业的依托。如果这样，他的生活的很重要的一部分便会失去意义。

对家庭生活，教授也看到了其中的虚伪与无趣。虽然妻子和孩子都显得世俗和自私，但是教授清楚地知道，以要求英雄的标准来要求她们是不现实的。

然而，对于妻子在漫长的岁月中逐渐衰老，失去了青年时的美丽；对于女儿随着时间的流逝而长大，不再童真，而是被社会逐渐同化为社会习俗的产物，教授显得缺少心理准备。他无法理解是什么力量使得身边最亲近的人产生了这样的变化。这种疑惑使他开始思索生命的意义和人生终极的目标。

契诃夫是一位勇于严格要求自己、努力追求真理的伟大作家，他不愿像当时许多知识分子那样，过庸庸碌碌的生活。他像自己作品里的主人公一样，苦苦追求着"怎么办"的问题。

去库页岛体验生活

1889年底，契诃夫对自己的文学生涯进行了总结：

  错误和败笔不可胜数，尽管写了成百斤的纸，得过科学院的奖金，但在我眼中没有一行有真正的文学价值。我为谁写作？为何写作？为大众？可是大众需不需要我？我却不得而知。

他整天愁眉不展，心事重重，终于在一天，突然作出一个使周围的人、包括亲人大吃一惊的决定：去库页岛旅行！

这个念头源于几天前，他到小弟米舍尔的学校去看他。他发现米舍尔正在宿舍准备法律科的国家考试，就默默地躺在一边的床上翻看讲义。

过了一会儿，他对米舍尔说："我们对罪犯的全部注意力只集中在作出判决以前那一段时间上，一旦把罪犯遣送去服了劳役，大家也就把他忘记了。至于在服苦役的地方又会怎么样呢？"

从宿舍出来，契诃夫直接来到市图书馆，在那里借阅了大量书报杂志，他看到一行字："库页岛是一个不堪忍受的痛苦的地方！在那儿的监狱里死去了千百万人！"

契诃夫又想到，柯罗连科曾经被流放到西伯利亚的雅尔库茨克，4年的流放生活磨炼了他的意志，也丰富了他的阅历。他的作品都是许多"现实的事件和景象"，把读者带到了西伯利亚的丛林和亚库梯人的帐篷，这都是人们见所未见、闻所未闻的。

契诃夫对柯罗连科极为佩服，于是便决心要到沙皇俄国罪恶最集中的库页岛去。

苏沃林知道契诃夫要去库页岛，来信劝阻他说："库页岛如同一个人间地狱，岛上只有大批囚犯，官员胡作非为，住房和食物都不够。那是谁也不需要、谁也不感兴趣的地方。"

契诃夫回信反驳说：

整个欧洲都在注意库页岛，而我们却不需要它？我们只知道坐在四堵墙里抱怨上帝创造人不好，库页岛是个痛苦不堪的地方，这种痛苦只有意志坚强而失去自由的人才能忍受。

我们应当像土耳其人到麦加去一样，到库页岛这样的地方去朝拜。我们使千千万万人民在监狱里受磨难，这种磨难太没道理、太没理性、太野蛮了。

我们给人们戴上脚镣手铐，赶着他们在严寒之中跋涉万里之遥，让人们染上梅毒，使他们淫乱堕落，使犯罪的人越来越多。而我们把这一切责任都推到酒糟鼻子狱吏身上，现在所有有教养的欧洲人都知道，有罪的不是狱吏而是我们大家，可是有人却说，这跟我们毫无关系，我们不感兴趣。

契诃夫被强烈的作家责任感驱使，他要深入到那个可怕的角落里，身临恐怖岛，去勇敢地迎接深沉的痛苦。他早就说过："文学家不是糖果制造者，不是美容师，也不是消愁解闷的人，而是被自己的责任感和良心所约束的人。"

在准备出发期间，契诃夫发表了第七个短篇小说集《默默无闻的人》，这本书是献给柴可夫斯基的。他还给苏沃林寄去了一个篇幅较长的叙事小说《捣蛋鬼》。

另外，他还以他素有的认真严谨态度研究各种科学专著：历史学、人文学、地质学、生物学、刑法学、监狱学和气象学等。他整天看书、做笔记，脑子里和纸上几乎都是"库页岛"、"西伯利亚"。他还请弟弟妹妹到图书馆从各种文献中摘抄有关库页岛的资料。并阅读了米舍尔这几年的法律专业的全部讲义。

他在圣彼得堡找到一个监狱长，请他给库页岛地方当局写封信，当时对方答应了，但是后来根本没给他办。契诃夫只好凭着《新时代》的记者证去闯一闯了。

刚开始说起的时候，家里人都以为契诃夫在开玩笑，直到他郑重地收拾起行装，人们才开始担心起来，尤其是母亲和妹妹。叶甫盖尼亚说："什么？库页岛？你原来是当真的？"

"是啊！妈妈，我听人朗诵《致西伯利亚的囚徒》，觉得作为新一代俄罗斯作家，应该去，而且已有人去了，我有责任去了解流放在那里的犯人的苦难。"

妹妹不安地说："可是那里不通火车。骑马就得骑2000多千米，光路上你就得走50天左右。而且你的病……"

契诃夫连忙打断她，怕她说出自己咯血的事。只是对她们坚定地说："妹妹，不要紧，我只是有点牙痛！别说了，亲爱的妈妈和妹妹，我决心已定。"

1890年3月5日，他又告诉自己的女友莉卡："我自己派自己出差了，但是不报销。"

但是，契诃夫还是为以防万一做了安排。他写信给苏沃林说："如果我淹死了，或者遇到这类不愉快的事情，您应该知道，我所拥有的或今后可能拥有的一切，都属于我的妹妹。她将为我偿还债务。"

然后，他把刚刚买来的行装放进一个沉重的皮箱里，皮箱是米舍尔送给他的礼物。行装包括一件单皮袄，一件军官用的防雨皮大衣，一双翻毛长靴，一支手枪和一把长刀。这是探险者的装束，而契诃夫戏谑说："刀是用来切香肠和对付老虎的。"

苏沃林给他预支了1500卢布，说是他将来《旅途印象》的稿费。

4月21日正式出发。头天晚上，全家人和几个朋友送契诃夫到莫斯科火车站。在候车室里，大家都难以掩饰离别的悲伤和忧愁。库夫申尼科夫医生送给他一大瓶白兰地，并嘱咐他，不到太平洋绝不能喝一滴。母亲和妹妹抹着眼泪。莉卡勉强含泪微笑着。契诃夫递给她一张照片，背面写着："赠给使我逃往库页岛的善良的人。"

契诃夫从莫斯科乘火车到雅洛斯拉夫斯克，他的几个兄弟，还有列维坦、莉卡、孔达索娃和其他朋友一直送到这里。然后，契诃夫坐轮船到喀山，再从喀山沿卡玛河到彼尔姆，然后乘一段火车到秋明，又坐船到贝加尔湖，接着交替乘马车或船，沿黑龙江航行，到尼古拉耶夫斯克，最后到达遥远的库页岛。

虽然已经到了春天，可俄罗斯的春天还是十分寒冷，而且一路上气候恶劣，狂风暴雨，行李都被打湿了，道路泥泞难走。契诃夫临行前买的皮靴太小了，他这时只好穿毡靴。毡靴被水泡过之后，结了冰，就像拖着两个大冰坨一般。

乘船从卡玛河到彼尔姆，阵阵寒风吹进船舱，直冻得契诃夫浑身发抖。但他只能忍着，他知道，漫长的旅途才刚刚开始。去托木斯克的途中，契诃夫蜷缩在四轮带篷马车里，那篷子被刀子一样的寒风刺透，他的脸和脖子都被刺得生疼，就连身上的皮袄也抵挡不住。

这样的折磨大约要持续10多天，但3天后，他的背就疼得不能忍受，下车后腰直不起来，也不能再躺下。

旅途中不但要冒着生命危险乘船渡过汹涌的西伯利亚大河，经受寒风大雨的折磨，还要防备毒蛇猛兽和强盗的袭击。契诃夫写信给妹妹说：

> 就这样，车轮向前滚着，滚着。路碑、水塘、白桦树林，不断在车外闪过。我们遇见了背着锅的流浪汉。他们毫无阻拦地在西伯利亚的大道上游荡，一会儿杀死一个可怜的老太婆，扒下她的裙子当袜子，一会儿拔下路碑的铁牌，这可以派用场，一会儿又敲破路上碰见的乞丐的脑袋。

马车向前走着；忽然迎面一个大湖，湖上斑斑点点地可以看见一些陆地和簇立的树丛，原来这是一片被大水淹没了的草原。契诃夫下了马车，穿着毡靴在水里走着，一跳一蹦地牵着马，老天继续风雨交加，他却兴奋地喊着："救救我们吧，圣母玛丽亚！"

天总算暖和起来了，开化的冰雪把路面弄得泥泞不堪，他们"不像是乘车行走，倒像是驾船荡漾"。车子左右摇晃，弄得人们头昏脑胀的。

时间长了，契诃夫反而适应了这样的严厉刑罚，他的头痛、痔疮甚至轻微的咯血竟然都消失了。一天早晨，在一条小道上，一辆庞大的邮件马车同他的马车相撞，他被摔出车外，所有的行李都压在他身上。他爬起身来，竟然发现没有一点不舒服。

在停下歇息的地方，居住着各民族的居民：俄罗斯移民、乌克兰人、鞑靼人、波兰人以及服刑期满后成为农民的犹太人。契诃夫惊讶地看到，虽然他们民族不同，但却和睦相处，愉快地生活着。他在《旅途游记》中对他们的彬彬有礼描述道：

> 他们的某些举止甚至比乌拉尔山那边的人更有教养。夜间，当你走进人们熟睡的房间，你既闻不到野兽那样的气味，也闻不到俄罗斯的气味。
>
> 一个老太婆在递给我汤勺时，在她的臀部擦了一下，但是，他们请你喝茶时却不会不铺桌布。在你面前，他们不会打嗝，也不会在头上捉虱子；他们给你递水或牛奶时，也不会把手指伸进杯子里。

1890年5月15日，契诃夫到达托木斯克，大雨一直陪伴着他，他休息了几天，为《新时代》又写了5篇短文。并给苏沃林写信叙述了一下旅途的情况。

这时，米舍尔送给他的那只皮箱已经破了，他便换了一个大而柔软的皮旅行袋。

5月21日，契诃夫重新起程前往1500千米以外的伊尔库茨克。马车在满是泥泞的沼泽地里时时都会出问题。有时，他得冒着大风站在路边，等着人家帮助修车，或者徒步走到下一个驿站。当他疲惫不堪、沾满泥浆到达驿站时，就一头躺在一个破床垫上，昏昏睡去。

西伯利亚的春天来得晚，走得也急，一转眼就到了炎炎的夏日。

契诃夫穿行在无边无际的茂密的森林时，沿途闷热难当，带着怪味的尘土直往嘴里、眼里、鼻子里、衣服领子口里钻，与不断淌出的汗水混合在一起，使人口干舌燥、眼睛酸涩、皮肤发紧，非常难受。

6月5日，契诃夫到达伊尔库次克，他终于又享受到文明所带来的种种便利，先洗了个蒸气浴，在舒适的床上睡一觉，又换上干净的衣服，在城市里散散步，到剧院、公园、音乐厅去逛逛。他给大哥写信说：

> 我在同泛滥的河川作斗争，在同寒冷、泥泞、饥饿和瞌睡作斗争。我常常被安排住在谷仓和马棚里，吃的是荞麦糊，喝的是劣质伏特加。臭虫、蟑螂到处爬，咬得浑身是疙瘩，奇痒无比。实在不能入睡，就把上衣翻面铺在地上，把折好的大衣放在枕头下，穿着长裤和西服背心躺下

睡觉。要是生活在莫斯科，即使花上 100 万卢布也体验不到这种滋味。总的说来，我是满意的，我不懊悔这次出门远行。

另外，母亲是否去治了腿病？她早就答应过我的。米舍尔谈恋爱进展如何？我可能已经爱上莉卡了，同既不会穿衣打扮，又不会唱歌，也不会逗笑的西伯利亚女人相比，她简直是个王后。

到了贝加尔湖，契诃夫在湖边散步，路两旁是森林，左边的向山头绵延，右边的向下伸展，一直伸到湖畔，他在一封信里赞叹道：

> 多么美的沟壑！多么美的山岩！贝加尔湖的调子是柔和温暖的，在贝加尔我可以看到我想看到的一切：有高加索，有普斯拉谷，有兹威尼哥洛德县，有顿河。白天，在高加索驰骋，夜晚，漫步在顿河草原上。就这样走了整整 1000 多千米。从贝加尔湖便开始了西伯利亚的诗篇。

契诃夫沿着黑龙江走了 1000 多千米，一路上欣赏雄伟壮丽的景色，并和当地人民交朋友，接触俄罗斯普通老百姓淳朴善良的心灵。他在给妹妹的信中说："我觉得，假如我在车站上或车厢里丢了钱，被一个马车夫捡到了，他一定会把钱送还给我，并且不会拿这件事去夸耀自己。我的天哪，这里有多少好人啊！如果不是严寒夺去西伯利亚的夏天，如果不是官僚教唆农民和犯人走上邪路，西伯利亚一定会成为最富裕最幸福的乐土。"

6月20日,契诃夫在"叶尔马克号"轮船起航前一小时赶到了斯特列坚斯克,最累人的乘车路程结束了。他马上写信给母亲说:"但愿上帝让每个人都在这样好的条件下做一次旅行,我没有得过一次病,在我带来的这么多东西中,我只丢掉了一把小刀,一根捆箱子的皮带和一小瓶石炭酸。我已经完全习惯于在大路上乘车奔驰,现在反而感到不自在起来。我不能相信,我已经不坐在四轮马车上,已经听不见'叮当'的车铃声。我躺下睡觉时,竟然奇怪自己能够伸直双腿,而不再是满面灰尘了。"

6月21日,轮船触礁,搁在浅滩上,契诃夫写信对玛丽雅说:

> 左边是俄国的江岸;右边是中国的江岸。假如我现在回到家的话,那我就有权吹牛了:我虽然没有到过中国,但我在距离不远的地方看见了中国。假如我是个百万富翁,我一定要在黑龙江上有一艘自己的轮船。这是一个多么美好、多么有趣的地区呀!

契诃夫写信告诉苏沃林:"要描写像黑龙江这样美丽的景色,我只好向它们低头,承认自己是个没用的人,咳,怎样描写它们呢?你假想这好像是苏拉姆山,让它的两边变成江岸。瞧,这就是黑龙江了。悬崖、峭壁、森林,千万只野鸭、苍鹭在飞翔,再加上那一望无垠的荒漠。"

"中国也像俄国一样,荒凉而又粗犷:村落和岗哨只偶尔可以看到。说老实话,我看见这么多的美景,得到这么多的享受,就是马上死掉,也不害怕了。我爱上了黑龙江,我真愿意在江边过上两年,那儿美丽、宽阔、自由、温暖。在瑞士和法国，人们从未有过这种自由的感觉。"

"在黑龙江上，最下等的被流放者也要比俄罗斯的将军更自在。祖国壮丽的河山，勤劳善良的人民，使我的愁闷情绪一扫而光。"

7月9日，契诃夫"怀着狂喜和自豪的心情"，看着远方渐渐显现出库页岛的海岸。

两天后，轮船停靠在库页岛的行政首府和监狱中心亚历山德罗夫斯克。

调查收获丰富

　　库页岛是在19世纪60年代才开始移民的，主要目的是想由放逐到此地的犯人来建造成一个自给自足的农业社区。契诃夫来时，只完成了一部分预定的目的。因为各种因素，要想成功地耕作是不可能的，而且居民都受到政府严厉的控制。

　　当地的官员比较热情地接待了这位著名作家，允许他参观监狱、和苦役犯谈话，但是不得和政治犯搞到一起。

　　一到库页岛，契诃夫立刻开展紧张的考察工作，因为按照规定，他只能在这里逗留3个月。他在一个医生同行家中找到了住处。

　　库页岛的气候很糟，尤其是北半部，阳光很少见，农作困难。这儿虽出产许多木材和一些碳矿，但却无法达成经济上的平衡。砍伐木材和装运上船的工作大都是由犯人担任。

　　这里只有3000多居民，有5个教养院。道路阴暗狭窄，早晚传来苦役犯脚镣的"叮当"声。犯人们服刑期满后，必须作为移民留在岛上的教养院里。

　　这儿的犯人分成各种层次。有数度逃亡未遂的，他们工作时还都戴着脚镣。也有比较自由的移民，他们原来也是犯人，服刑期满后主动留下来的。其他人则属于这两个层次之间，所得到的自由与特权也有区别。

苦役犯们都被用绳索或铁链拴在拖车上，被强制干最艰苦的活，肚皮贴在地面上在煤矿的坑道里挖煤。

契诃夫看到犯人们在齐腰深的烂泥塘里干活。一位善良的当地官员，每次同他外出时都给他朗诵涅克拉索夫的诗句："在铁路的两侧啊，尽是俄罗斯人的尸骨，你可知道，小万尼亚，他们死了多少？"

只有少数人住在监狱，大多数人都住在粗糙的木屋，耕种一块贫瘠的土地或开采矿区。

许多人都结了婚，结婚是库页岛一个有趣的社会习俗。每当一群女犯人到达时，全岛的单身男人都会很兴奋。他们贿赂监督的官吏，参加挑选妻子的登记。得到允许后，他们到了女犯人的营区去挑选自己喜爱的女人，当然双方都很尴尬。一旦双方同意，便可结婚，因为家庭生活能减轻此地犯人的心理压抑感，至少有了寄托。岛上的出生率相当高，契诃夫特别赞许此地的诞生影响了上一辈的道德观。

契诃夫知道自己在库页岛上的时间有限，于是决定尽量争取时间。他每天早上5时就起床，使自己能做更多的事情。他由一个带枪的看守人员陪同，对全岛的犯人做了一次普遍的调查。

契诃夫参观了岛上的所有监狱、所有木板房和所有枞木室，下了所有矿井，询问了那些眼睛盯着他却不知他在说些什么的没文化的犯人，以及那些目露凶光的杀人犯。

他发现，大多数人都患病、贫困、饥饿。更不幸的是许多小孩都缺乏妥善的照顾，甚至根本不认识自己的父母，更别谈接受什么教育了。他们的住屋和食物都很随便，不注重清洁。

契诃夫偶然走进一间枞木屋，看见里面有个10多岁的男孩。这孩子赤着脚，满脸雀斑，弓身弯背，像是准备挨打。

契诃夫温和地问："你爸爸叫什么名字？"

"我不知道。"

"怎么？你跟父亲一起生活，竟然不知道他的名字？"

"他不是我真正的父亲。"

"什么意思？不是你亲生父亲？"

"不是，他只是妈妈的情夫。"

"你妈妈是结了婚还是寡妇？"

"是寡妇，她是因为她的丈夫才到这里来的。"

"因为她丈夫，怎么回事？"

"她把他杀死了。"

"那你还记得你父亲吗？"

"不记得了，我是私生子。妈妈是在卡拉的苦役犯监狱生下我的。"

尤其女孩们的命运更加悲惨，契诃夫亲眼看到有的女孩12岁就卖淫，还见过13岁的侍妾，15岁的孕妇……

他们当然很大方地和契诃夫谈话，但他们也都认为，他只是政府派来的一个调查员，做些虚假的记录和报告罢了。

几乎每一个犯人都曾经逃亡过，虽然逃亡失败后的下场很痛苦，但还是有人从海、陆两面逃亡，也有人逃到岛的中央地带去。大多数的逃犯都被军方逮捕回来，当然，也有少数人逃亡成功的，他们逃到日本或美国去了。

后来，契诃夫与一个说话有趣而又多疑的小偷和脚脖子上戴着镣铐的犯人达成了信任，他们像朋友一样回答了他许多问题，并亲手填写了近万张卡片。

由于每天都要进行艰苦的调查，契诃夫累得精疲力竭，他的眼皮出现痉挛，不停地跳动，头也痛得厉害。但他不敢休息，随着工作的步步深入，他调查到了更真实的情况。

契诃夫认为，最残酷的是对犯人的肉刑。

首先，由医生对犯人做能否忍受新规定的90皮鞭的检测，然后，执行者的帮手慢条斯理地把犯人绑在拷架上。

契诃夫后来描述道：

剑子手侧身站着，每一鞭都抽在犯人身上。每抽5下，就换个方向，给犯人以半分钟的喘息。抽打了五六下之后，犯人的后背就出现鞭痕，跟着发红变紫，在一次皮鞭打击之下，皮开肉绽。

每当此时，犯人一边痛苦地呻吟，一边苦苦哀求："尊贵的老爷！尊贵的老爷！可怜可怜吧，尊贵的老爷！"受刑人的脖子奇怪地伸长了，发出一种呕吐的声音。他不再说话，只是吼着，喘着。

打完90鞭之后，他们给犯人解开手脚，扶他站起来，被抽打的地方，由于淤血和出血而变成暗紫色。嘴里发出"嗑嗑"声，脸色蜡黄，大汗淋漓，双眼乱转，当给他水喝时，他慌忙地啃着茶杯，往他头上浇一勺水，就带走了。

9月11日，契诃夫到库页岛的南部做了最后一次访问，对这次调查的结果，他不无骄傲地写信告诉苏沃林说："岛上没有一个犯人、没有一个移民没有同我交谈过。用卡片登录了差不多10000个囚徒和移民的简况，当我意识到同世界相隔万里时，一种交汇的感情就占据了我。我仿佛要过一个世纪才能回到家中。"

10月13日，契诃夫终于要离开库页岛了，他乘上"圣彼得堡号"轮船后，写信告诉母亲："我感到厌倦，库页岛我已经待够了。应该说，3个月来，我见到的都是些苦役犯，再不就是一些只谈苦役、鞭刑、囚犯而不谈其他的人。真是令人沉闷的生活啊！"

轮船绕经亚洲海岸，返回敖德萨。沿途经日本海、中国海、印度洋、苏伊士运河和西欧。

当经过中国海时，轮船遇险了，狂风暴雨使船身倾斜，眼看就要翻了。契诃夫不愿落个跌入海中喂鲨鱼的下场，果断掏出手枪，准备在必要的时候开枪自杀。

谢天谢地，就在这一刻，天气忽然奇迹般变好了，大海一瞬间风平浪静，轮船又平稳地向前行驶。大家兴奋得跳到海水里游泳，他还捉到一条大鲛鱼，让乘客们美餐了一顿。

轮船驶入印度洋，契诃夫一下活泼起来，他从船头甲板上跳入水中，然后再在船尾抓住船上扔给他的缆绳，爬回船上。他对沿岸那旖旎的风光、那大片的棕榈树，还有当地那晒成古铜色皮肤的人们，都新奇不已。

经过锡兰时，他到岸上观光了13天，看到了大象、眼镜蛇和显示奇迹的魔术师，尤其是皮肤黝黑、带着神秘微笑的美貌女郎。他赞叹那里是"人间乐园"。

12月1日，轮船经海道抵达敖德萨。契诃夫先给家里拍了电报，然后连夜登上了北行的火车。

12月18日，契诃夫终于又踏上了莫斯科的土地。

契诃夫在给谢格洛夫的信中，谈到这次库页岛之行时说："我感到极其满足，既充实又陶醉。饱尝眼福，心醉神迷，简直什么也不想了，如果因忽然中风或者痢疾把我带到另外一个世界去，我也不觉得有什么遗憾。我可以说：我活过了！够本了！我已经进过地狱，库页岛就是这样的地狱；我也到过天堂，锡兰就是这样的天堂。"

在7个多月的长途跋涉之后，契诃夫很高兴能够回到亲人、朋友和书籍中间。

在库页岛考察得到的印象是丰富而深刻的，这些足够契诃夫受用一辈子。此行是他生活和创作的新起点。

契诃夫一直牵挂着岛上那些不幸的人，他动员玛莎、列维坦以及其他那些朋友们为库页岛募捐建立学校。

同时，契诃夫根据这次库页岛之行所作的日记、笔记和脑海中的印象，创作了专著《库页岛》。

这是一部把艺术性与科学性结合起来的大部头作品。契诃夫写得很慢，因为他还要进行短篇小说的创作，以便挣些稿费来维持生活。同时，他还有其他一些社会工作。

这部书从1891年开始，直至1894年才最后完成。

而这几年中，契诃夫还写出了近20篇小说，其中包括《决斗》《跳来跳去的女人》《第六病室》《恐怖》《邻居》《一个默默无闻的人讲的故事》《大沃洛佳和小沃洛佳》《黑衣修士》等脍炙人口的杰作。

《库页岛》于1893年在《俄罗斯思想》10月号上开始连载，至1894年7月号全部登完。

在《库页岛》中，契诃夫叙述他看到一个关押囚犯的禁闭室：

> 一个普普通通的牢房，门上挂着一把笨重的大锁，仿佛是从古董商那里买来的。锁响了，接着我们走近这间不大的囚室。现在这里关着20个人，衣衫褴褛，蓬头垢面，戴着镣铐，脚上缠着破布，绑着绳子。
>
> 脑袋有一半头发蓬乱，另一半剃得光光，但已经开始长出短发。他们个个面容消瘦，仿佛被剥掉了一层皮。
>
> 有一个叫索菲娅·勃留芙施坦的女子，绰号"小金子"，原是一个天仙似的美人，曾经使所有的狱吏神魂颠倒。比如，在斯摩棱斯克有一个看守曾帮助她逃跑，而且他自己也同她一起逃走。但是经过3年苦役的折磨之后，这个纤巧、瘦削的女子，头发已经斑白，脸上堆满皱纹，像个老太婆。

在这部著作中，契诃夫还涉及地理、历史、生物学、气象学、人文学、监狱学和法学等领域的叙事。特别值得提出的是，契诃夫不但在正文中引用了不少文献资料，为避免叙事的拖沓，还将一部分资料置于注释之中，如说及萨哈林岛上的煤矿，他就提到10部学术著作。

这部作品发表后，在广大读者中产生了巨大的影响，沉重地打击了沙皇俄国的专制政体。沙皇政府在惊慌和震怒之下命令禁止出版。

但是，在社会各阶层人士强烈的抗议之下，政府不得不收回命令，并派一个委员会去库页岛"整顿"，在那里建立了托儿所、孤儿院和学校，更令契诃夫欣慰的是岛上取消了野蛮的鞭刑。

他对访问库页岛和著述《库页岛》一书，有一种自豪之感。在1894年1月2日给苏沃林的信中，契诃夫说：

《库页岛》是部有学术性的著作，我将因这部著作得马卡利亚大主教奖。医学现在已经不能责怪我的背叛：我看重学术性和被老作家所讥为学究气的素质。

我很高兴，在我的小说的衣柜里，将挂一件粗糙的囚衣，就让它挂着好了。当然，《库页岛》不会在杂志上发表，这不是在杂志上刊登的东西，但我想它是一部有益的作品。至少你不必笑我。谁笑到最后，谁笑得最好。

《大千世界》杂志曾经对《库页岛》专门评价说："即或契诃夫先生除了这本书以外什么都没写过，他的名字也会载入俄国文学史册，而且在俄国流放史上也永远不会被忘记。"

离开城市居住乡村

　　1891年3月，契诃夫不顾库页岛旅途的劳累尚未完全恢复，又踏上了西欧的旅程。在接下来的一个半月时间内，他先后拜访了维也纳、威尼斯、罗马、佛罗伦萨、尼斯和巴黎等地。5月2日返回了莫斯科。

　　这次旅行对契诃夫的思想震动非常大，收获也十分丰富。但是，他在欣赏异国美丽风光、感受资本主义国家先进物质文化的同时，也对专制制度统治下的俄国的落后感到焦虑。

　　这一年来，契诃夫的家庭变化不小，伊凡在教育界混得不错；米舍尔当上了六级文职公务员。他们都可以自己养活自己了。但是，亚历山大又添了一个孩子，生活拮据，需要时时接济。

　　秋天来临的时候，契诃夫的肺结核病更重了。而且他的脾气也变得暴躁，成名之后，他对自己的作品越来越谨慎，也越来越不满意。

　　契诃夫写信给苏沃林说：

　　我老是觉得我的裤子裁得不合体，写的东西不对头，给病人开的药方不对症，这可能是一种精神病吧，如果我是医生就必须有病人和医院。如果我是作家，就必须生活在人们中间，而不是在马拉亚。

我需要过点儿社会生活和政治生活，哪怕是一星半点也罢，而现在这种闭门不出，与大自然隔绝，离群索居，体弱多病，不思饮食的生活简直不是生活。

契诃夫决定要到乡下去，因此，他在没回国的时候，就让米舍尔去找一个避暑的别墅。

米舍尔在图拉省奥卡河岸上的阿列克辛诺工作，他决定在这个风景秀丽的小城为三哥找一个好地方。

于是，契诃夫在回国的第二天，连行李箱还没打开，就与全家人一起前往阿列克辛诺米舍尔刚刚租下的别墅。

从一开始，契诃夫就抱怨这里太狭小，总是叫人"感到烦闷和伤感"。只住了两周，他就决定要换个地方。

1891年，俄国许多省份发生了大饥荒，人民生活在水深火热之中，契诃夫怀着一个作家的强烈责任感，在1892年初，冒着严寒，到受灾最严重的尼日哥罗德省，找他的一个在当地做官的朋友，组织救灾工作。

在赶往尼日哥罗德的途中，契诃夫在暴风雪中迷了路，他险些被冻僵死在路上。后来万幸终于找到了朋友，他们发起募捐，建立食堂，赈济灾民。

参加救灾工作回来后，契诃夫更迫切地感到需要生活在人民中间。在他看来，只有一种解决办法：在乡下买一座舒适的房子。这样，第一，可以减少开支，因为乡下的生活费用较低；第二，可以在新鲜的空气中恢复健康；第三，可以避开城中那种无益的喧闹；第四，可以在不受干扰的情况下，从事一项长期的工作。另外，即使住在乡下，也不会耽误他在冬天到圣彼得堡去看望朋友们。

他的弟弟妹妹为了购置庄园而四处奔走。最终，在离莫斯科 80 千米的郊区找到了一座已空了很久的庄园，因为它们位于梅里霍沃村，人们叫它"梅里霍沃庄园"。

米舍尔和玛丽雅实地看过后，回来对三哥说："那个庄园占地 213 公顷，有一半地覆盖着稀稀拉拉的树木，另一半是荒芜的牧场、果园，还有一条小得不能再小的河，以及两个水塘。不过住宅比较新，3 扇窗户对着草场，室内很明亮。"

契诃夫欣喜不已，他说不用自己再去看了，马上开始谈判购买。只是，当时要连里面的牲畜家什一起卖给他，3 匹马、1 头奶牛、1 架钢琴等共要价 13000 卢布。这远远超过了契诃夫的想象。多亏苏沃林给他解决了这个难题，预支给他 4000 卢布的稿费。其余部分以抵押贷款方式支付。

1892 年 3 月 4 日，庄园里还覆盖着白雪，正是春寒料峭的时候，契诃夫一家高高兴兴地搬进了梅里霍沃庄园的新家。

搬进新家之后，契诃夫的心情很好，尽管周围还是一片白雪，他还是走遍各处，察看花园、树林，接触那些对他还很陌生拘谨的农民。他为生平第一次有了自己的庄园而高兴。

离住房不远是一个不大的池塘，契诃夫利用工作休息的时间，一天之内到那里去四五趟，把周围的积雪铲到池塘里，为的是到夏天时水能更多些。

庄园荒芜已久，但他们一家都是勤劳的人，大伙一齐动手，有的修理房子，有的整顿花园，有的整顿菜园，有的负责播种。春耕时没请雇工，大家一块下地。最初，契诃夫感到腰酸腿疼，干了一些日子，慢慢也就习惯了。

经过半年多的修缮，一个荒芜的小庄园焕然一新了，成为一个优雅洁净、处处充满生机的"契诃夫庄园"。

契诃夫又购买了一些鸡、鸭、鹅来饲养，还买来一头小牛，他看着林荫路两旁的高大树木上筑着的鸟屋，高兴地在上面写了"椋鸟兄弟"几个字，回到家里，马上兴致勃勃地写信给苏沃林：

> 我太高兴了，因为我再也无须在莫斯科住公寓了！我一辈子从来没有感到这么方便。坐在有3扇大窗户的工作间里，我感到心旷神怡。哪怕插上一根木棍，它也会长起来。
>
> 到将来老了我不能工作时，就在我的庄园里做一名园丁，准能添寿10年。

庄园共有11个房间。契诃夫给每一间房子都取了名字：书房、会客厅、饭厅。另外有一间命名为"普希金室"是由于里面挂着亚历山大·斯马金赠送的一幅普希金大肖像。

最好的一间当然是契诃夫的书房，房间宽敞明亮，安置着威尼斯式的大窗和防风用的风斗、壁炉、土耳其式的大沙发。

每当大雪纷飞的日子，雪堆得都高过了半个窗户。契诃夫的女友莉卡经常来做客。有一次，有只小兔站在窗外的雪地上，后腿站立起来一直向屋内窥视。契诃夫笑着说："看哪，兔子欣赏你，忌妒得眼睛都红了。"

春天，契诃夫亲手栽种的苹果树成活了，盛开的鲜花也从窗外向室内探进头来。

其余的屋子是父母和小弟、妹妹的，每间房都体现了它们主人的风格。巴维尔的屋里挂着他年轻时绘制的圣像，桌上摆着《圣经》，他经常一个人在屋里进行祈祷，小声地吟诵圣歌。

玛丽雅是中学教师、画家，是一位精明、庄重而又美丽的姑娘。她非常爱自己的哥哥，在她洁白朴素的房间里，一直悬挂着契诃夫的大幅照片，可见哥哥在她心目中占据着最重要的位置。这一时期，由她照管庄园的一切，她像三哥当年一样，成为一家的"灵魂"。

搬到梅里霍沃不久，人们知道了契诃夫原来是一位医生，于是逐渐有些农民来找他看病，慢慢的，方圆几十千米的农民都来问诊。

契诃夫在搬到这里时，带了一车药物和医疗器材，完全可以开一个诊所，这时正好派上了用场。

他每天上午都要接待病人，仔细、温和地为他们诊断，并给他们免费提供药品。

这样一来，来治病的人越来越多，天还没亮，院子里就已经排起了长队。甚至半夜有人喊他，他立即披衣就诊，或者出诊到患者家中去。

第一年，契诃夫就诊治了大约800多个患者。

除了病人，家里进进出出的人太多了，其中有契诃夫和玛丽雅的朋友，有邻居，还有来凑热闹的人。家里到处都搭起了临时床铺，客人们4个人睡一个房间。有的甚至睡在走廊里。

在梅里霍沃居住的6年里，契诃夫还被选为地方议会的议员。他用自己多年的积蓄建立了3所学校，还为当地修筑了公路，扩建了乡村医院。

另外，契诃夫也没有忘记故乡塔干罗格，他帮助故乡扩建了图书馆，赠送了大批书籍。

当然，他也不会忘记库页岛上那些不幸的孩子们，他募捐到2000多册图书，装箱寄给他们。

这一时期，契诃夫很少离开庄园到莫斯科和圣彼得堡去，他除了给农民、工人治病外，还时常到附近农村里、工厂里去转悠，深入民间调查，找人谈心，详细地询问他们的生活情况。

由于契诃夫的平易近人，农民们有什么疾苦，或者心里有什么烦恼，也都喜欢向他倾诉。

契诃夫从中吸取了宝贵的创作素材，在这一时期，他的创作也进入了全盛时期。

创作《第六病室》

契诃夫从莫斯科迁到乡村,不是为了到世外桃源过隐居生活,而是为了更广泛、更深入地接触人民群众。事实确实如此,他根本无法过隐居的生活。

附近的、远处的农民们都慕名找他看病,病人多的时候,妹妹也不得不给他当助手,打针、包扎、取药以及协助简单的外科手术。

由于契诃夫看病不收费,那些淳朴的农民都有些过意不去,他们问契诃夫医生:"你看病不要钱,靠什么来生活呢?如果你出了事可怎么办呢?你又不会做生意,你们全家靠谁养活?"

契诃夫笑着回答说:"那我就娶个女老板哪!"

其实,契诃夫依然像过去一样,受着金钱匮乏的折磨。他在周游欧洲时,就已经欠了苏沃林许多钱,后来买下梅里霍沃庄园,又是从苏沃林那里预支的。虽然妹妹玛丽雅、弟弟米舍尔可以自食其力了,但他却还要补贴一直跟他叫穷的大哥亚历山大,他又添了孩子。父亲巴维尔也不在加夫里洛夫家做事了,回到家让契诃夫养着。

为了使经济不再发生恐慌，契诃夫决定同时从事3项工作：星期一、二、三来撰写关于库页岛的文章；星期四、五、六，继续写他的长篇叙事体小说《决斗》；星期天，为了放松和调节一下，他将继续写一些短篇小说。

契诃夫每天黎明四五点钟起床，喝完自己煮的咖啡就开始在一个宽窗台上而不是桌子上写作。

上午11时，他一般都去采蘑菇或钓鱼。13时吃午饭，饭后总要睡上一小会儿，醒来就立即执笔工作，一直创作至夜幕降临。

一下午的辛勤写作后，契诃夫就可以轻松的与家人和客人们一起共进晚餐了。晚餐后，大家聚集在宽敞的客厅里，海阔天空地聊天，一直聊到很晚。

从库页岛回来之后，契诃夫的脑子里一直出现一种幻景，仿佛整个俄罗斯是一个令人恐怖的监狱，人们生活在圈着栅栏、安着岗哨的四堵墙内。

回想起库页岛上的那些野蛮、痛苦和灾难，契诃夫对以往信奉的托尔斯泰哲学及不抵抗主义有了更深的怀疑。

这年冬季的一天，契诃夫坐在梅里霍沃庄园一个废弃的木板房里的草堆上，呆呆地发愣。

像往常一样，每逢严冬来临，契诃夫的心情就又变得忧郁了。看到眼前的景象：荒凉的田野覆盖上了皑皑白雪，树木尽成了秃枝，农民们把破衣烂衫裹在身上，他又联想到自己在库页岛上的所见所闻，想到了伟大的现实主义画家列宾，列宾曾创作出名画《伏尔加河上的纤夫》，深刻地提示俄国社会黑暗和人民生活的极端痛苦。

契诃夫突然眼前一亮：就写一座监狱如何？

但他转念又一想："恐怕不行，检查官那里怕是通不过。嘿，干脆就写精神病院吧！库页岛上的病人哪个不像精神病人？不好，还是太显眼，不如写一个'病室'。"

契诃夫尽管在文学上取得辉煌硕果，但他从来没有放弃医学。尤其是经过1892夏季漫延俄罗斯多个省的霍乱，契诃夫作为地方议员，克服重重困难积极救治病人，与俄罗斯农民一起经历了痛苦与悲哀。

"好，小说的名字就叫《第六病室》。"契诃夫说完，马上从草堆上爬起身来，奔向写作间。

几天之后，世界文学史上的杰作《第六病室》就诞生了。

第六病室是一个具有象征意义的符号，一方面既是指真正具体的病室；另一方面也是沙皇俄国暴政，整个黑暗社会的一个缩影。小说里的"病人"代表着正在受苦受难的各式俄罗斯下层贫困人民，不止是物质上的受苦受难，同时也包括精神上的煎熬。

这座所谓的病房，实际上就是沙皇俄国统治下的那些下层人民的监狱。小说正是以这个病室为主要场景，主人公是两个知识分子，以他们的争论作为情节的发展，并最终以这两个人的悲剧作为收场，从而揭露了沙皇俄国监狱一般的生活状态，描绘了沙皇俄国的黑暗现实，表达了契诃夫对腐朽统治的愤慨。

小说里的两个主人公，明显都不是什么所谓的病人和疯子。

格罗莫夫，他的头脑也许比谁都要清醒，比在监狱外面自由行走的那些人还要理性，还要明白这个社会现状。也正是因为他的明白，他有点胡思乱想，这是一种忧虑，对这个社会威胁一种本能的自卫，一种精神上的紧张，绝不构成精神病。但很可笑的是，他就被囚禁在这个第六病室里,他不是病人,他是被迫害的可怜虫。

而拉京,是这家医院的主治医生,他确实有点安于现状,即使他对现状有着不满,却深知以他一个人的力量不足以去改变什么。不要说这个社会那种坏掉的风气,就是这家医院,他也未必能够改变什么。因为大家都那么做,大家都习惯这么生活和工作着。你的异行、你的与众不同的举措将触动他们那些麻木的神经,陌生会让他们恐惧,存在会变得不安分,进而遭受到他们的反抗,安德烈医生的结局正是这样。

拉京也和格罗莫夫一样,也明白这个社会的处境,可是他的性格和言论主张却存在着差异。拉京惧怕生活,因此逃避问题,他感到自己的软弱无力,所以他自欺欺人,不予反抗,向现实妥协求得安稳的生活。

而格罗莫夫有着拉京身上没有的激情,他对这个社会的不满发泄在言辞上,他提出抗议,他要出去,他要离开监狱,他渴望自由。

可是格罗莫夫深深地感到这种愿望的不可能,他知道,第六病室只是俄国这个大监狱的一个小小的囚室而已。即使离开了这个小囚室,他还是逃不出俄国这个大监狱,他永远也无法得到那种在大街上行走的自由。

格罗莫夫的生活充满压抑和不安,时时透不过气,他时时想要砸开这个监狱的门,逃离这个非人的地狱。

拉京在遇到了格罗莫夫后,格罗莫夫激烈的言辞和激情的抗议,让他重新认识了自己,改变了他原来的一些看法,慢慢地从麻木的自己中清醒过来,并将格罗莫夫视若知己,心里非常高兴,经常往病室里跑,同格罗莫夫交换看法。

正因为拉京这种反常的现象，心里刚刚产生出一点反抗的意识，很快他就被判为疯子、病人，关进了这个病室。

两个正常的人，就这样被折磨玩弄。专制的程度可见一斑，尤其是精神上的专制。不止是格罗莫夫这样很明显地反对和不满、激烈抗议社会黑暗的人遭受无情的迫害，就连本来温和忍耐的人，才刚刚接近格罗莫夫，交往多一点，而刚刚有点清醒的意识的时候，也遭受了上级政府的毒手，并且最终被迫害致死。思想控制上的严峻和专制，让那些所有还有着知觉的俄国人民都不寒而栗、心惊胆战。

这个第六病室并不需要大，这样的囚室虽然小，但是它产生的社会效应却是巨大的，有着一种精神性的震慑力，大家都知道它代表着什么。下层的人民、贫苦的劳动人民、稍有正气的知识分子，看到它都要畏惧三分，即使你心知肚明，这就是可恶的思想专制。可是，正如安德烈的迷茫一样，在黑暗的现实里感到深深的软弱无力。

拉京死了，第六病室里的人还囚禁着那几个病人，他们继续他们苦命的生活。格罗莫夫还在高喊他的"我快透不过气了"，愤怒地想要"砸开这个门"。而其他的几个人，还要在尼基塔的眼皮下生活，维护他们的秩序，还要在这样的思想监视下不声不响地活下去。这一场闹剧看来不会那么容易结束。

1892年冬，《第六病室》在《俄罗斯思想》杂志上发表后，立刻震动了全俄罗斯。

不过《第六病室》也引起俄国不同而有趣的诠释，有些评论家认为，这篇小说主要是揭发俄国许多公立医院的内幕。更有许多批评家认为，这篇小说是契诃夫对托尔斯泰主义的攻击，因为拉京的哲学观点与托尔斯泰主义有某种吻合与影射。

但契诃夫与以前一样，恪守自己的习惯，拒绝说明这部中篇小说的内在含义是什么。在他看来，作家的职责是奉献作品，而不是对它发表评论。

然而，大多数的俄国知识分子都看出了《第六病室》的象征意义，它其实就是整个俄国现状的缩影。

当时，年轻的列宁正住在萨马拉，他一向很喜欢契诃夫的小说。这年冬天，他读了《第六病室》之后，立刻联想到专制的俄罗斯和它的黑暗的监狱制度。

列宁告诉姐姐：

>昨天晚上我读完这篇小说，感到可怕极了。我在房间里待不住，就站起来走了出去，我觉得自己好像也被关在第六病室一样。

第二年秋天，青年列宁在《第六病室》的强烈感召之下，毅然离开萨马拉，投身到圣彼得堡反对沙皇专制统治的革命活动中。

著名画家列宾在读了《第六病室》之后，激动地给契诃夫写了一封信：

>为了您的《第六病室》我是多么感谢您啊！这篇文章里涌出一股强大的感染力。简直难以置信：这样一篇小说，怎么到最后竟会出现这样一种无法形容、深邃、博大、具有人类意义的思想！您真是一个大力士！我震惊、入迷，

我庆幸自己还没有落到拉京那种境地,但愿能够避免这个苦悲!

托尔斯泰也对《第六病室》表示了他肯定的看法。

《第六病室》是契诃夫的成熟作品,表现了他在思想上的巨大飞跃,标志着契诃夫的创作达到了高峰。

《海鸥》引起轰动

1895年底，契诃夫继《伊凡诺夫》多幕剧创作之后，完成了经典剧本《海鸥》的创作。《海鸥》是契诃夫最有个性的一部作品，从它诞生之后，契诃夫被公认为天才的剧作家。

当时，著名戏剧家、导演符·伊·聂·丹钦科是梅里霍沃庄园的常客，他一再邀请契诃夫写剧本，《海鸥》就是在他的鼓励下写成的。他们从1887年冬天就在莫斯科相识了。那时，契诃夫的第一个剧本《伊凡诺夫》刚刚上演，丹钦科从中发现了契诃夫不同寻常的戏剧才能。

丹钦科一直鼓励契诃夫，千万不要放弃剧本的创作。

契诃夫的女友莉卡是他妹妹玛丽雅的同学，她们在勒热夫中学又是同学。当时，莉卡是一位年方19岁的美丽姑娘，就像俄罗斯童话里的"天鹅公主"。

莉卡擅长音乐，热爱戏剧，契诃夫的家人都喜欢她，尤其令契诃夫情迷神往。而莉卡也被契诃夫的才华所吸引，他们之间的关系很快就发展到了恋爱的边缘。

但是，契诃夫有着过强的理性，他一直不肯表露自己的这种感情，只是与莉卡开一些流露倾慕之情的玩笑。而一旦莉卡表示出结婚的要求时，他却又找借口拒绝，令莉卡有时难以捉摸他的真实想法。

莉卡在失望之余，终于爱上了梅里霍沃的另一位常客——出色的小提琴家波达边柯。

在庄园举行的聚会上，他们经常举行二重奏，莉卡唱歌，波达边柯伴奏。

可在1894年，波达边柯诱骗了莉卡的感情后，又把她抛弃了。莉卡生下一个孩子，但不久那婴儿就夭折了。

契诃夫在悲愤之中，把自己的感受写进了《海鸥》男主人公特里戈林的形象之中。而女主人公妮娜的形象在某种程度上则是莉卡遭遇的真实再现。

而至于剧中文学观点的创作体会，则是契诃夫本人的感受。妮娜送给特里戈林一个刻有书写字的纪念章，这一情节也是来自契诃夫本人的生活。

1895年2月的一天，契诃夫收到了《俄罗斯思想》杂志主编高尔采夫转给他的一个精致的小包裹。里面是一个漂亮的小盒子，盒子里装着一个金质的表链坠子。样式很特别，也很有趣，既不是通常的圆形、菱形，或长方形，也不是那种俗气的象征爱情的心形，而是一本书的模型。书的一面刻着：《安·契诃夫小说集》；另一面刻着："第二百七十六页，第六行和第七行。"

按照这个页码翻开《契诃夫小说集》，就会在《邻居》这篇作品里，找到从特里戈林嘴里读到过的这样两行文字："要是你什么时候需要我的生命，来，拿去就是。"

多么新奇的礼物，多么真诚的爱的表白！从这简短的一句话里，似乎可以感受到一颗充满着矛盾、痛苦，并与这种复杂感情进行搏斗的灵魂的轻微的战栗。

这，到底是谁的赠品？契诃夫立刻就明白了，完完全全地明白了：这是28岁的女作家阿维诺娃的礼物。

契诃夫仔细地把礼物珍藏起来，他一声不响，既不回信，也不去看望。这是明明白白地表明他们相爱几年了，已经达到心心相印，灵犀互通的程度，爱得热烈而又深沉，纯洁而又高尚。但他们又都明白，结合在一起，那是绝对办不到的。阿维诺娃不仅有一个热爱自己的丈夫，而且已是3个孩子的母亲了，如果她要交出自己生命的话，那绝不是一个，而是4个，连孩子们在内。

有一回，契诃夫和阿维诺娃与几个朋友在一起闲谈。有人谈道：因为选错了丈夫或妻子而不得不破坏夫妇生活，这样做对不对？有的说，这里根本不存在什么对不对的问题，既在教堂里证过婚，就不能变动；有的举出了种种理由来激烈地反对。

契诃夫听着，一语不发，但突然向阿维诺娃小声问道："您的看法呢？"

阿维诺娃不假思索地说："先得断定这样做值不值得。"

"我不明白，怎样叫值不值得？"

"值不值得为了新的感情而有所牺牲。要知道，牺牲是不可避免的，首先是孩子们。应该想到牺牲，而不是想到自己。这样一来，值不值得就很清楚了。"

这就很清楚了，他还不能作任何答复，但又必须有所答复。

《海鸥》的显著特色是它的双重主题，即反映人们日常生活的爱情主题和带有浓厚抒情色彩的艺术主题，并且这两个主题互相渗透，互相促进，从不同角度和正反两面揭示了作品深刻的思想内涵。

剧本充满了一系列繁复的爱情纠葛：特里波列夫爱妮娜，妮娜爱特里戈林，阿尔卡基娜爱特里戈林，波琳娜爱医生多尔恩，玛莎爱特里波列夫等，这些爱情故事像生活本身一样，互相纠缠，平淡而又杂乱，但实质上是由一条强有力的潜流贯穿着。

契诃夫通过这些表面平淡而又杂乱的故事，向观众揭示了一个真理：

> 个人的幸福和广大人民的幸福是紧密联系的，爱情和植根于现实生活的崇高理想是互相联系的。

作品虽然写了一系列的爱情故事，但这些爱情故事却没有一个得到完美的结局。特里波列夫和妮娜的爱情，由于艺术道路的不同而夭折了；特里戈林的爱情是低级、庸俗的；玛莎对特里波列夫的爱情，到头来也只不过是单相思而已；多尔恩与波琳娜的爱情由于生活趣味的不同，也并没有得到幸福。

这一系列的爱情故事说明，爱情若离开美好的理想，就不可能开出绚丽的花朵。

《海鸥》里面有一句台词很好地阐明了契诃夫这时的价值观：

> 在所有的事业中，荣誉和荣耀并不重要，甚至连梦想也不像想象的那么重要。重要的是忍耐，忍耐是一种信仰和使命。有了信仰，就不再痛苦；而知道使命，也就不再害怕生活。

契诃夫一再强调,《海鸥》是喜剧,是具有发人深省的含意的。《海鸥》充满浓郁抒情色彩的艺术的主题,也是隐藏在生活潜流下面的真正内在主题。这个主题充满了诗意:只有真正献身于人民的艺术家,才是生活的强者,才能成为展翅高飞的海鸥。

这个主题包含极为丰富的内涵,既揭示了艺术家的使命,艺术道路的艰辛,又强调艺术家必须有克服重重困难的勇气和不屈不挠、坚持到底的毅力。

在剧本中,艺术的主题主要是通过对照手法来揭示的,契诃夫有意加以强调的是特里波列夫和妮娜两个青年不同艺术道路的对照。

特里波列夫走的是一条远离现实生活的颓废主义道路。他有些才华,也想在艺术上有所创新,但是他的生活圈子太狭隘,他远离人民,远离社会现实生活,没有找到艺术的源泉。

特里波列夫个性软弱,屈服于小市民庸俗生活的压力,丧失了前进的勇气,成为一只被生活折断了翅膀的海鸥。他常常沉浸于痛苦之中,对人生并无留恋,这种苦闷消沉的情绪,导致他走上颓废主义的艺术道路。在遭受爱情和艺术的双重失败后,不得不以自杀告终。

导致特里波列夫毁灭的根本原因,是他缺乏"中心思想",他的生命没有支撑点,遇到打击,他的精神就完全崩溃了。

而妮娜和特里波列夫所走的艺术道路不同,从而决定了他们的命运也不尽相同。妮娜是个外貌和心灵都很美丽的姑娘,她热情活泼,积极追求美好的理想。在走向艺术的道路上爱情曾为她带来诸多烦恼和痛苦。

妮娜和特里波列夫之间,曾经有过热烈而纯洁的爱情,后来她明白这个年轻人太脱离实际,性格太脆弱,对她的艺术事业不可能有所帮助，于是她离开了他，投入已经成名的作家特里戈林的怀抱。

她的第二次爱情是由于对"天才的敬佩"所引起的。在特里戈林和特里波列夫之间她毅然选择了特里戈林，这是由于她崇拜天才，幻想这个作家能在艺术事业方面指引她，帮助她。

但是，特里戈林并不像她所想象的那么高尚，他和妮娜的恋爱只不过是逢场作戏，他很快就抛弃了她，又回到了阿尔卡基娜的身边。这样，妮娜甜美的爱情之梦很快就破灭了，接着，她心爱的婴儿又不幸夭折，一连串可怕的打击沉重地落在她的身上。

但是，刚强的妮娜并没有被压垮，她不是一只被毁灭的海鸥，她勇敢地面对严峻的现实生活，一次又一次地经受住了生活的考验。在艰苦的艺术生涯中，她逐步成熟起来，她的信念更坚定了，她从一个充满幻想的少女锻炼成了一个有坚强意志的"真正的演员"。

后来，妮娜在与特里波列夫重逢的时候很自豪地说："我在演戏的时候，感到一种巨大的欢乐。我兴奋，我陶醉，我觉得自己伟大，感到自己的精神力量一天比一天坚强了。"

她还说："现在，我可知道了，我可懂得了在我们这种职业里，主要的不是光荣，也不是名声，更不是我所梦想过的那些东西，而是要有耐心，要懂得背起十字架来，要有信心。"

这一段话，是妮娜对自己艺术道路的总结，包含了她对艺术事业的体认，也表达了她对演员生活的热爱。妮娜不是特里波列夫所射死的海鸥，也不是特里戈林所构思的短篇小说中的一个男人"因为没有事情可做"便把她毁灭了的海鸥。妮娜是一只展翅高飞的海鸥，她冲破一切障碍，在艺术的广阔自由的天空勇敢地飞翔。

契诃夫曾说过："应尽力使得人物的精神状态能够从他的行动中看明白。"

剧本内部的活动要比外部丰富得多，深刻得多，显然契诃夫对日常生活作了哲学性的概括。

契诃夫的剧本不是凭借惊人的事件，不表现峰回路转的外部冲突，没有浅露的激动和兴奋，没有冗长的哲学和道德议论，而是遵循生活本来的逻辑发展，从那些常见的、平凡的、琐细的生活中，揭示了难以觉察的人的精神世界的变化。

在第四幕开头：花园里多么黑呀。应该叫人把那个戏台拆掉。立在那儿，有皮无肉的，看着叫人害怕，真像个死人的骨头架子，大幕也被风吹得"哗啦啦"的。昨天晚上我从它旁边经过，仿佛听见那儿有人在哭。

戏台对特里波列夫当然具有特殊的意义。就是在这儿，他全然失掉了自己青春的诗意，爱情与梦想，像海鸥失掉湖水一样，当然也失掉了他开拓未来的意志和力量。生活是如此的严峻与无情啊！在夜晚"半明半暗"的油灯下，这样的叙述氛围，既是对即将临近的特里波列夫命运的暗示，也更加强了特里波列夫命运的悲剧性。

契诃夫奠定的这种新戏剧技巧的基础，不是靠光怪陆离的外部效果，也不是凭新奇动人的情节变化，而是依靠对于生活最深邃的意义的揭示和对于人物精神性格最奥秘之处的挖掘来激动人的心灵、引起观众共鸣的。

契诃夫所独具的风格，就是深刻的抒情诗意和哲理性。这种特点不是观众一下子可以发现的。因为契诃夫从来不把生活的真谛直率地说出，也不是在急剧发展的情节中把主题表明出来。而常常是在剧中人因探索生活问题而激起的精神波纹与另一人物同样的波纹的交织中暗示出来的。

特里戈林与妮娜分别的一场，他们很少谈到走、分别和不愿表白的爱情，而是在谈关于作家的使命、关于一只被打死的海鸥。这里关于作家的使命的问题正表明特里戈林这个作家虽然认识到艺术只有为千百万人服务才有生命，而他本人却只能围绕在一个女人身边梦想光荣。

关于被打死的海鸥，似乎象征着妮娜被爱情毁掉。而实际上同后来妮娜经受了生活的考验而献身艺术事业联系起来看，妮娜是坚强的，这证明艺术只有面向人民，才能像海鸥那样不被毁灭而是高翔起来。

这种深刻的诗意的哲理性被契诃夫深深地发掘了出来，而且他在表现它时，又是用象征，又是用大段的独白，又是与外部不联系的事件交织在一起。

高尔基指出了契诃夫的这种双重结构：

> 一方面，契诃夫在表面上表现直接的现实；另一方面则潜藏着诗意的概括，这种概括中有一种内在的音乐性和思想性，这就构成了一种潜流。

杰出的戏剧家斯坦尼斯拉夫斯基在契诃夫这种新型戏剧中发现了自己演剧的基础。对潜台词的发掘，构成了世界三大表演体系之一的体验派的表演原则与技巧，开创了演剧艺术的新阶段。

不过，1896年10月17日，对契诃夫而言，却是个"黑色的星期天"。《海鸥》在圣彼得堡的亚历山大剧院首次公演时，竟然遭遇了惨败。

在写作期间，契诃夫本人也承认自己"完全忽视了舞台剧应当遵守的基本原则"，不仅仅是表现在剧中的对话过于繁杂，还出现了

"冗长的开头、仓促的结尾"的情况。

彩排期间，契诃夫曾经请求演员和导演放弃通常那种言过其实的表现形式，好让观众得到理解作品的机会。

由于意识到了这部作品的厄运，契诃夫几乎撤回了出版许可，甚至不打算参加首演。当上演到第二幕的时候，他为了躲避观众的嘘声和嘲弄，躲到了舞台后面。

这次演出的失败是一些偶然因素起了作用。首场演出是为在商界和政界享有极高声誉的著名喜剧演员列夫凯伊娃夫人举行的福利演出。在确定演员时列夫凯伊娃未担任任何角色。然而忠实于她的观众挤满了剧院大厅。他们就是为欣赏喜剧作家轻松逗乐的喜剧和著名喜剧演员的演技而来的。

起初他们都以为上演的是非常有趣的喜剧，都希望能在观赏过程中乐一乐、笑一笑，使精神得到愉悦。可是他们慢慢发现这完全不是滑稽逗乐的喜剧，而是一个使人感到别扭的情调阴郁的严肃东西。而且列夫凯伊娃根本没有出场，这使观众感到受了欺骗。大厅里骤然喧嚷起来，笑声、喝倒彩声、口哨声四起。

面对那种场面，契诃夫感到震惊。他脸色苍白，神情沮丧，起初坐在列夫凯伊娃的化妆室，然后又走到后台去。他焦躁不安，急于等待演出终场，彻底失败的结局已在所难免了。

演员们非常吃惊，惊慌失措，忘记了如何扮演自己的角色，只好稀里糊涂演下去。往后演出效果一幕比一幕糟，大厅里成了喧闹的海洋，笑声中还夹杂着叫骂声、怒吼声。

这场演出中薇拉也没有演好，虽然契诃夫对她寄予厚望。这一切好像是故意砸锅似的，观众也好像是故意挑选的，全是一些满脑子守旧思想带着小市民欣赏习惯的人和滑稽剧的狂热爱好者。

然而这次演出的失败还有深层次的原因。那时剧院里的表演水平还达不到契诃夫戏剧革新的要求。最多只能把外部动作和语言展现给观众,而不善于表现微妙的心理活动和体验。

凌晨2时,契诃夫独自一人在大街上游荡。回到家以后,他对一个朋友宣布:"如果我不能活到700岁,我就再也不写戏剧了。"

《海鸥》公演的第二天,圣彼得堡的各家报纸发出各种评论:

> 昨日隆重的福利演出,被前所未闻的丑陋蒙上了一层阴影。我们从未见过如此令人晕眩的失败的剧本。
>
> 我们很久没有遇到如此失败的戏剧了。
>
> 契诃夫的《海鸥》死了,全体观众一致的嘘声杀死了它。
>
> 这不是一只海鸥,而只是一只野鸭。

契诃夫回到梅里霍沃后,马上投入了紧张的工作:写小说,给农民看病,参加地方议会,为塔干罗格建立图书馆,关心生病的列维坦。契诃夫用这些来回答圣彼得堡给他的侮辱。

1896年年初的几星期里,契诃夫开始整理这个剧本,几乎全部推翻。他第二次把写好的剧本寄给了波达边科。

圣彼得堡审查委员会对剧本做了一些细节上的修改后,于1896年8月20日通过了剧本。9月8日,正当契诃夫在费奥多西亚苏沃林家中做客时,波达边科发来电报说,圣彼得堡的亚历山德林斯基剧院同意,预定于10月17日公演《海鸥》。并且,剧中的角色将由一些极为出色的演员担任。

10月7日，契诃夫动身前往圣彼得堡，到达后的第二天，他就坐在亚历山德林斯基剧院黑暗的剧场里观看排演。

契诃夫这期间却意外地又遇到了阿维诺娃。

一年后，他们意外地相会了。在一个作家举办的假面舞会上，阿维诺娃化了装，她戴着假面具，嘴里含着一枚核桃，改变了自己原有的嗓音，径直走到契诃夫的面前，站住了。

"看见了你，我真高兴！"她说。

"我不认识你，假面人。"契诃夫仔细地瞧着她，回答道。

真的不认识吗？不，契诃夫一眼就把她认出来了。契诃夫挽住她的胳膊，带到一个空无一人的走廊上。

"你知道，我的戏不久就要上演了。"

"我知道，《海鸥》。"

"那就很仔细地看吧，我要在戏里答复你。可是务必要仔细听，别忘了。"

"你要回答我的什么问题呢？"

"回答许多问题，务必细心听戏，都记住。"

阿维诺娃等待着契诃夫的这个许诺，她不安地等待着这一天。

10月21日，当第二次公演机会到来的时候，《海鸥》却得到了人们狂热的追捧，并且很快遍及全国。

当时，剧院里座无虚席。在特等座位上，一位年轻、美丽、穿着典雅大方的女士，正聚精会神地注视着舞台。她满脸绯红。看得出来，阿维诺娃是带着一种特别激动、紧张的心情来观看这次公演的。

第三幕开始了，女主人公妮娜与剧作家特里戈林在告别，她递给他一枚纪念章，接着说："作为临别纪念吧！我让人把你姓名的第一个字母，刻在上边了；另一面刻上了你的一本书的名字。"

"这太可贵了！"特里戈林吻了吻纪念章说，"多么可爱的礼物啊！"

妮娜走了，特里戈林拿着纪念章翻来覆去地爱抚着，清清楚楚地读道："第一百二十一页，第十一行和第十二行。"然后走到一边，又把这些数字读了一遍，问刚刚走进来的女主人："这里有我的什么作品吗？"接着又读道："第一百二十一页……"

他拿到了那本书，找到了那几行，然后一字一句地读着："要是你什么时候需要我的生命，来，拿去就是。"他走到一边，把这句话又重读了一遍。

这样一个并不特别显眼的情节，却在阿维诺娃身上，产生了意想不到的艺术效果。她一下子呆住了，好像透不过气来，脑子"嗡嗡"直响。但她还是强作镇定，努力地记住了那几个数字，在心里默默地念了好几遍：第一百二十一页，第十一行和第十二行。

演出结束后，她心慌意乱地坐上马车，向家里驰去。

"看来这就是回答，他从舞台上回答我了：第一百二十一页，第十一行和第十二行。"阿维诺娃在心里默诵着这几个数字，"但这个数字跟我刻在表链坠子上的完全不同。到底是怎样的回答呢？"她焦灼不安地想。

回到家里，她找到契诃夫的集子，用颤抖的手，翻到第一百二十一页，找到那两行："可是你为什么那么入神地瞧着我？你喜欢我吗？"

不可理解。什么意思呢？这不是开玩笑吗？她躺到了床上，忽然又爬了起来。脑子里闪电似的升起了一个念头："对我的回答，为什么不会在我的书里选出两行呢？"

她急忙找到了自己的小说集《幸福的人》，按页码翻到那两行，念道："年轻的姑娘们不应该去参加假面舞会。"

对了，这才是真正的回答。它确实回答了许多问题：是谁送那表链坠子的，是谁戴着假面的，是谁那样深深地爱着他，一切，所有的一切，他全都知道。

她的双眼，噙满了痛苦而又幸福的泪水。

演出第二天，女主演科米萨尔热夫斯卡娅写信告诉契诃夫：

> 我刚从剧场回到家里，我们胜利了。这次成功是全面的、大家一致公认的。现在，我真想在剧场里看到你，更希望让你听到全体观众叫喊作者的欢呼声！

波达边科也发来电报说：

> 巨大的成功。每演完一幕，都听到掌声。第四幕结束后，又有更多的鼓掌声和欢呼声。演员们让我向你转达他们的喜悦心情。

最使契诃夫感动的是，著名的法学家和精明的心理学家科尼给他发来了贺信：

> 从题材和主题思想的新意以及对日常生活细心观察的角度来看，《海鸥》是一出非同凡响的好戏。舞台上出现的悲欢离合、富有说服力的行动和无声的痛苦等场面，正是生活本身的真实写照。每个人都离不开这种日常生活，但

是几乎没有人能够理解生活内在的严酷讽刺。

两年以后,斯坦尼斯拉夫斯基重新导演了该剧,并在新落成的莫斯科艺术剧院上演,《海鸥》终于获得了巨大的成功。

高尔基给契诃夫写信说:

> 我从未看过如同《海鸥》这般绝妙的、充满异教徒智慧的作品。难道你不打算再为大家写作了吗?你一定要写,你一定要写!

1898年4月,著名导演丹钦科写信给契诃夫,请求给予《海鸥》的上演权,但契诃夫没有答应,"不想,也无力蒙受更大的戏剧激动,它曾加于我很多的痛苦"。

5月20日,丹钦科再次写信请求,契诃夫才同意上演。但是他却没有参加公演仪式。

1898年12月17日莫斯科艺术剧院首演《海鸥》。演出后,著名导演斯坦尼斯拉夫斯基说:"所有的演员都捏着一把汗,幕在死一般的寂静中落了下来,有人哭了起来,突然观众发出了欢呼声和掌声,吼声震动着帷幔!人们疯狂了,连我在内,人们跳起了怪诞的舞蹈。"

自第一幕起,《海鸥》就抓住了每一位观众,随后就是一连串的胜利、无休止的谢幕。

丹钦科在演出结束时向观众宣布剧作家不在场,观众要求给他拍贺电:"我们快乐得发狂,全体观众热烈地拥抱你!"

契诃夫当时不敢相信这是真的,但是当天下午,他就收到了丹钦科拍来的电报：

  所有报纸都异口同声称赞《海鸥》是个辉煌而惊人的成功。评论文章都很热情。
  《海鸥》的成功，超过我们以前演的《沙皇费道尔》。我比上演我自己写的剧本还要快乐得多。

  从那以后，莫斯科艺术剧院的标志，就是幕帷上一只飞翔的海鸥！

新剧再获成功

契诃夫知道，剧本要不断地上演，才是成功的剧本。

1896年，在《海鸥》第二次演出获得极大成功之后，契诃夫虽然刚刚吐过血，被诊断为大面积肺结核，但他精神却一下振奋起来，忘了自己"永世不再写剧本"的誓言，又拿起笔写了一部多幕喜剧《万尼亚舅舅》。

当《海鸥》初次在圣彼得堡上演失败时，契诃夫一度心灰意冷。他认为自己不算是一个成功的剧作家，他宁可把题材写成小说，也不愿把它浪费在剧本上。

但是，1897年他把《海鸥》《万尼亚舅舅》以及其它轻松的喜剧一同出版成书后，却出乎意料的，有好几个省城的剧院都开始排演《万尼亚舅舅》，并获得相当的成功与赞赏。

该剧写的是：乡绅万尼亚25年中放弃个人幸福，与外甥女索尼亚辛勤经营庄园，供养妹夫谢列布利雅可夫教授。但他终于发现妹夫只是个华而不实的庸才，他于激怒中枪击妹夫，幸未击中。最后在友人劝解下不得不与妹夫言归于好。

在全剧的构筑中，主要的一对矛盾为：有意义的生活或无意义的生活。前者的代表是追求生活中美和诗意的万尼亚、医生以及索尼亚，后者的代表是安于庸常生活的教授和他的夫人还有教授的岳母、玛里娜等。

整个剧情的走向是一个从"有意义的生活"向"庸常的无意义的生活"的运动过程。那种庸常的生活最后统治了一切，万尼亚和索尼亚还有医生被迫去忍受。

剧开场的时候，万尼亚已经从"偶像梦"中"惊醒"，对教授冷嘲热讽，而索尼亚尚沉浸在对爱情的幻想和渴望中。接着是她的爱情梦的破灭，这是双重的梦想破灭。诗意和美失落了，留下的是真实的人生，是人不愿面对，但又无法不面对的那个没有希望、没有期待的现实，辛苦劳作，然后死去。

剧中，万尼亚和医生，两个面对平庸生存威胁的人，如同抓住一根救命稻草一样忽然发现了叶莲娜的美。他们试图通过不顾一切地追求，使生命获得意义，重新找回逝去的青春，结果证明不过是一场徒劳的挣扎。教授无力承载万尼亚的崇拜，久已安于日常生活的慵懒无聊的叶莲娜又如何能承载他们的寄托？生活改变了一切。

直至最后，万尼亚和索尼亚也面临着这种改变。对于久已适应他的教授和叶莲娜来说，它是喜剧；而对于充满渴望的心灵来说，它是悲剧。它意味着苦难和忍受。

该剧最大的悲剧性不在于万尼亚发现自己"受了骗"，不在于25年生命的无意义，而在于承受，在于面对毫无希望的苦难命运，再去承受它。正是在这一点上，它体现着人类心灵的力量，它象征着人类的命运。在清醒之后，在认清自己的命运以后，再去承担这个命运，像以前一样活下去，这需要多大的勇气！要多么坚强的心灵才能够承受!

万尼亚身上的悲剧性在于,他无法使自己安于平庸,使自己麻木、沉沦;他无法平息自己心灵的渴求;他无法变成教授或者是叶莲娜,对生活的庸常熟视无睹。

日常化是一种力量。它形成生活的习惯,潜移默化地改变着人们,使人们置身琐碎无聊的生存中而不自觉,使人们安于流俗,丧失对生活意义和价值的追求。它使生命失去活力,失去想象,满足于平庸和浅薄,只从中寻求刺激。对日常化生存的无意义以及巨大影响力的揭示,是这部剧真正的深刻性所在,它才是更本质意义上的心灵的敌人。

这样一种生存使人丧失了激情,丧失了感觉,麻木、厌倦。正是在这样一种背景上,万尼亚的挣扎作为一种不甘平庸的对日常化生存的对抗,才具有了更深广的悲剧意义。

万尼亚真正唤起人们共鸣的,不是因为他是小人物,不是因为他是"被损害者",而是他的心灵,渴望着意义、价值和美的心灵,以及他不甘日常生存的努力或者说是挣扎,还有在这个貌似平凡的小人物身上所蕴藏着的高贵和美。

每一个不甘平庸,在日常生活中苦苦挣扎的人,都能从万尼亚身上看到自己。人们悲悯万尼亚和索尼亚,实际上是悲悯自己,悲悯着人类的命运。

善良的索尼亚,在整部剧的最后安慰万尼亚舅舅的那一句:"我们又能有什么办法呢,总得活下去呀!"也许是给人印象最为深刻的一句话了。后边是她的心里话,也可以算是一种对人生和自己的语言。她承认自己的今生的不快乐,承认受过一辈子的苦,流过一辈子的泪,一辈子过得都是漫长的辛酸岁月。但是心里怀着希望,这种希望是寄托在自己"毫无怨言地死去"之后的。她希望"上帝自然会怜悯"带来的天堂的生活。多么的凄惨，但是里面好像又有一种很坚实的东西。

这就是天才的契诃夫在《万尼亚舅舅》中达到的高度。无怪乎西方将他的创作作为现代戏剧的三大起源之一。

他确实无愧于这样一种地位。

《万尼亚舅舅》在莫斯科艺术剧院公演获得很大成功。上演的第一晚，契诃夫的电话铃就不停地响起，他接到无数的贺喜。当晚，他一直无法入睡。

患病离开庄园

1895年8月,契诃夫第一次独自拜访了托尔斯泰。

托尔斯泰早就想见见契诃夫,早在1893年列宾拜访托尔斯泰时,他们谈起文学,就谈起了轰动一时的《第六病室》。列宾说他早在1887年就与契诃夫相识,现在已经对他喜欢得发狂。

他们都想去看望契诃夫,于是两人一起行动。但可惜的是,两位大艺术家却弄不清契诃夫的地址,他们先后到花园街和小德米特洛夫卡跑了一趟,后来才打听到契诃夫早已搬到梅里霍沃,两人只好作罢。

1895年夏天,托尔斯泰又托契诃夫的朋友谢尔盖延科去找契诃夫。谢尔盖延科很高兴,立刻写信告诉契诃夫。

8月一天的早晨,契诃夫来到这座闻名于整个文明世界的贵族庄园——雅斯纳雅·波良纳,意思是"明媚的林中草地"。

契诃夫迈进大门,迎面便是一片茂密的白桦树和灌木丛,古老的花园里有暖房和池塘。房屋掩映在参天树林中。

他正走着,忽然看到远处有位老人正在树丛中整理树枝。老人蓄着白色的长须，身穿白色亚麻布衣裳，系着一根腰带，肩上搭着毛巾，脚上穿着一双树皮鞋。他知道，那位老人就是托尔斯泰。

契诃夫抑制住内心的激动，快步走到托尔斯泰的面前，报上了自己的名字。

托尔斯泰一听他是契诃夫，马上放下手中的活，紧紧地拥抱了他。说非常欢迎他的到来。然后，他们还一块到河里游泳，契诃夫很快就消除了紧张情绪。

契诃夫在雅斯纳雅·波良纳住了两天，受到托尔斯泰全家的盛情款待。托尔斯泰的几个女儿都是契诃夫的热烈崇拜者，她们对这位贵宾的光临表现出异乎寻常的喜悦和兴奋。

1896年1月，契诃夫去圣彼得堡交涉《海鸥》上演的事宜，从彼得堡回来路过莫斯科，又专程去拜访了托尔斯泰。

当时，托尔斯泰正与一个叫契切林的作家争论，他毫不客气地批评了文学上的颓废派。契诃夫在托尔斯泰身边静静地听着，一直没有说话。

1896年冬天，契诃夫开始为诺沃肖尔基村附近的一个小村庄筹建一座新的校舍。像以前建造塔莱热学校一样，他募集资金，自己捐款并亲自承担建筑设计。在他的办公桌上，手稿旁边就放着施工图纸。

此外，他还参加了由政府决定的全国人口普查工作。1897年1月10日至2月3日，他出入于全县农民的木板房，有时头还撞在矮房屋的门梁上。在他办公桌的抽屉里堆满了数百份数据卡片。这项工作完成后，他得到了一个奖章。

2月19日，契诃夫应邀出席了为庆祝农奴解放纪念日在洲际饭店举行的盛大晚宴。

整整 16 天，契诃夫除了参加招待会外，还应邀出席了许多晚餐会和其他盛宴。此后，他回到了梅里霍沃，继续写作《农民》。但这时，他感到极度疲倦，又开始咯血了。

1897 年 3 月，契诃夫的健康出现了危机，使他完全改变了未来的计划。因为他一直不把自己当做病人，这时又乘上火车到莫斯科来看望苏沃林。

有一天晚上，契诃夫刚刚与苏沃林在一家莫斯科饭店吃完饭，就突然体力不支昏倒，于是马上就被抬到苏沃林的房间，那晚，他整整咳嗽了一夜。

凌晨时分，契诃夫吐了一摊血。他立刻被送往治疗肺病的专家奥斯特罗乌莫夫医生的诊所，住了两个星期，接受彻底的治疗，结果他被确诊是患了肺病。

疲病交迫，契诃夫躺在床上，不能移动，也不能言语。

玛丽雅和伊凡匆忙赶来，他告诉他们："绝对不可把我的病情告诉父母。"

其他朋友也送来鲜花和书本，但都不准逗留太久。

阿维诺娃得知契诃夫患病的消息后非常焦急，她向医生再三恳求，才被准许探病 3 分钟。

契诃夫抓紧时间，托她到《俄罗斯思想》编辑部去取小说《农民》的校样。

阿维诺娃在回家的路上，一边走一边不住地擦眼泪。她心情沉重地走到外莫斯科河的桥上，看着河水卷着冰块向前流去，心里默默祈祷："不，像契诃夫这样的好人是不会死的。"

她匆匆下了桥，忽然迎面遇到了托尔斯泰。阿维诺娃把契诃夫的病情告诉了他，并恳求说："您务必去探望一下安托沙，他会高兴的，我知道他一直很喜欢您。"

3月28日傍晚，托尔斯泰竟然到医院来看望契诃夫了，医生护士们尊敬地望着这位大文豪，特地允许他延长探视的时间。

契诃夫没料到托尔斯泰会来看他，为自己这副可怜的模样感到很难为情。他刚要起身，托尔斯泰连忙把他轻轻地按下。

托尔斯泰仔细地端详着契诃夫苍白消瘦的脸庞，心里难过："这哪里还是3年前到雅斯纳雅·波良纳那个充满青春活力的小伙子啊！"一时间，老人竟然不知说什么好。

契诃夫理解他的心情，先开口说："所有的人都是白天来看我，只有您是傍晚来，而对病人来说这个时刻是最痛苦的。"

托尔斯泰微笑着说："这才好嘛！或许咱们说着说着就把这个痛苦的时刻打发掉了。有一次我生病了，心情坏到了极点，突然斯塔索夫来了，啊，这个热情的家伙把我逗得也和他开起玩笑来。"

契诃夫听到这里也笑了："是啊，斯塔索夫具有罕见的天分，可以用自己的乐观情绪感染周围所有的人。"

托尔斯泰的探望使契诃夫既高兴又激动。

第二天，谢格洛夫也到医院来了。契诃夫一见老朋友，便高兴地伸出一只枯瘦的手，脸上露出了久违的笑容。

谢格洛夫在床边的椅子上坐下来，关切地问："安托沙，感觉怎么样啊？"

契诃夫的脸色马上变得阴郁起来："很不好！按规定将把我送进残废室去，但医生还宽慰我，说我还能拖很久，只要我遵守残废人规则。总之，前途不妙！"

谢格洛夫发现了床旁边的桌子上放着一沓稿子。

契诃夫叹了口气说："这是一个初学写作的青年塞给我的，要求我仔细看看。他以为当一个作家是一件幸福的事呢!"

谢格洛夫埋怨这个不懂事的年轻人。

接着,契诃夫说起了昨天与托尔斯泰见面的事。谢格洛夫激动地说:"托尔斯泰来看你了!你们说了些什么?"

"他告诉我他已经不写《复活》了。我们谈到了死与不朽的问题。我把诺西洛夫的小说讲给他听,他似乎很满意。但我们没谈很多,因为医生禁止我多说话。而且,虽然我十分敬重他,但已经很难再说到一块儿去了。"

契诃夫仍然惦记着正在修建的诺沃肖尔基村的学校,他写信给当地的一个小学教师,请他到医院来谈谈建校工作的进展情况。

4月10日,住院两周之后,契诃夫没等病情好转,就申请医生允许出院,然后由伊凡陪同回梅里霍沃了。

回到家里,契诃夫又高兴地见到了父母和亲人,又看到了春光明媚的乡村风光,重新闻到了稿纸和书籍的清香。

玛丽雅早就关照附近的村民们,不要再找哥哥看病了。契诃夫从此也不再长距离地散步和田园劳动,他每天只给玫瑰树剪剪枝,用大麻籽喂喂小鸟。

但是,契诃夫并没有清闲多久,就再次不顾妹妹的劝阻,继续给塔干罗格图书馆寄去一包包书籍,关心诺沃肖尔基学校的建设工作,给塔莱热学校的中学生组织考试,接待路过的客人,与朋友、作家和求教的人们通信。

在这期间,契诃夫的最后一部小说《农民》正式发表。

这部小说真实地描写了俄国农民的生活,新闻检查当局虽然对其中一些情节做了大量删节,但读者们读后仍然对小说中的大胆描写而感到吃惊。

读《农民》这篇小说，总体上感到很压抑，俄国农村的贫困和落后通过作者的笔真实地展现在读者的面前。

小说写到人们对贫困的生活无可奈何之时，经历过农奴时代的老人，常回忆做农奴的好处来了。在小说里，契诃夫写到了农村当时的矛盾，但他也没指出出路。对于这些农民，读后倒生出了哀其不幸，怒其不争的想法来。

《农民》的发表，构成了文学界的一大事件，引起了报界的激烈争论。

《北方通讯》这样写道：《农民》一书所获得的成功，使我们又回忆起屠格涅夫或陀思妥耶夫斯基的新小说问世时的那种情景。

莱金给契诃夫写了一封热情洋溢的信：我拜读了《农民》，多么令人高兴呀！我在一个夜晚一口气读完了这部小说，它使我久久难以入睡。

契诃夫越来越无法忍受梅里霍沃的环境了，家里的嘈杂声使他无法工作，他经常要等到客人们都入睡以后才能安静地写作。有几次他离开梅里霍沃到莫斯科或邻近的城镇，但旅行使他十分劳累。

进入8月份，契诃夫的耐心不能再经受考验了，他决定考虑遵循医生的意见，在寒冷的冬天到来之前离开这里，到气候温暖的地方去疗养。

这时，恰巧他的朋友、《俄罗斯新闻》的发行人索博列夫斯基来信说，他正在法国比亚利茨度假。

契诃夫决定放下其他一切事情，立刻去与这位朋友相聚。他算了一算：这时，《海鸥》已经在全国各地上演，剧本的版税加上小说《农民》的一大笔预支稿费，足够他在法国生活几个月的。

为了使这次横贯欧洲的长途旅行更顺畅一些,他写信给索博列夫斯基说:"请你给我寄一张旅行路线图,我从未到过比亚利茨,这么远的路使我心里实在没有底。你知道,我不会说外国话,要是列车员听到我讲的德文或法文,肯定会不知所云并当面嘲笑。而在巴黎换火车,对我而言就像捉迷藏一样。"

1897年8月31日,契诃夫在收到索博列夫斯基寄来的路线图之后,马上就离开了梅里霍沃。他感觉,逃离这个住了很久的地方,就等于逃离了病痛。

为养病移居雅尔塔

契诃夫一路西行,旅途都很愉快,只是从柏林至科隆时,德国人抽的雪茄差点儿把他给呛晕了,而从科隆到巴黎,他一直都在睡梦之中。

在巴黎,契诃夫见到了苏沃林夫妇,他们作为契诃夫的向导,陪着他在巴黎玩了几天。

契诃夫不顾旅途劳顿,兴致勃勃地参观了"红磨坊"、咖啡馆、卢浮宫等,观看了由铃鼓伴奏的肚皮舞,并在商店中买了毛衣、拐杖、领带和衬衫等。

然后,契诃夫从巴黎转车,前往比亚利茨与索博列夫斯基会合。

抵达比亚利茨后,契诃夫在维多利亚旅馆安顿下来后,立刻就去当地旅游参观,一直无忧无虑地过了一段时间。

欢乐过后,契诃夫的心里又开始不安。他记在笔记本上的小说计划一个也没完成,写作速度特别慢。

他在给出版商巴季乌什科夫的信中这样说:

今天在这里，住在旅馆，坐在一张外国人的桌前，晴朗的天气使人很想到外面散步，要想在这种时候写文章，那就更困难了。那就等于用别人的缝纫机做衣服。另外，那些饭菜太过油腻，吃了之后让人总是提不起精神来。

契诃夫是一个固执的人，他强迫自己动笔接连写了3个短篇小说：《彼什奈格人》《在故乡》《手推车》。他自己被弄得精疲力竭，好歹完成后寄给了《俄罗斯新闻》编辑部。

这时，他又开始咯血了，不过比在莫斯科时要轻一些。

契诃夫感到，把他吸引到这里来的新环境并没有激发他的想象力。他无法立即在作品中利用在此地获得的最清晰的感受，只有当他远离这里时，他才能动笔去描绘这些人物和风光。

契诃夫又来到了尼斯，他没有心思去欣赏那美丽的风光，但却对当地居民产生了浓厚的兴趣。这里的法国人总是温文尔雅，富有教养，主持正义，热情好客。他认为，法国"走在世界各国的前列，并且塑造了欧洲文化"。

总体来说，契诃夫对在尼斯这段期间是相当满意的，他的病情没有恶化，有一次他很高兴地看到自己的体重还增加了。虽然还咳嗽，但是他知道，要想突然恢复健康是不可能的，他必须暂时忍受这种半残废的生涯。

另外，他的法语也有很大的进步。他想起在德国时，他在学校读书时所学的一点德文，使他敢到维也纳去游玩，虽然常常引得路人发笑。因此他在尼斯时请了一位29岁的法国小姐教法文，并读了不少法国文学作品，他最喜欢的作家是伏尔泰。

契诃夫曾突发奇想，想把莫泊桑的小说翻译成俄文。因为他同样是一个短篇小说的绝顶高手。

1898年1月,契诃夫还在尼斯参加了杜雷法案件的辩论。当时,全欧洲都在谈论这位法籍犹太军官杜雷法被判叛国罪是不公平的。他被监禁在魔鬼岛时,法国政府广受批评。杜雷法显然受到了冤枉。

后来,左拉也参与了进来,他认为杜雷法是无辜的,还写了一封公开信《我要控告》,把这件事渲染得更公开了。

各地的人都表明了意见,有的赞同,有的反对,形成尖锐的对抗。

契诃夫认为,两方的观点都显得太肤浅,情绪的表现超过了理智。他仔细地研究了一番,也认为杜雷法是无辜的,于是他站在了拥护杜雷法的阵营中。

契诃夫对于左拉的仗义执言深感欣慰,他说,每个作家都必须如此才对。他也曾对库页岛上的犯人发言。

2月,左拉一案开庭审理,契诃夫怀着极大的热情阅读报刊上发表的所有与之相关的报道。最后,左拉被判处一年徒刑并撤销其荣誉勋位。

但是,契诃夫却因此更加敬佩左拉,他在给亚历山德拉·霍季亚恩采娃的信中说:

> 你问我是否仍然认为左拉是正确的,我却要反问你:难道我在你们心目中的形象真是那么恶劣,以至于你们竟然怀疑我是否站在左拉一边?所有那些在法庭上审判左拉的人,那些出身高贵的将军和证人,在我看来,连左拉的一个手指头都不如。

总之，左拉在契诃夫的心目中是自由人完美无缺的榜样。契诃夫不同于那些参与政治的知识分子，他认为作家有权不参加任何政党，可以根据自己的良知去反对右派或左派。

4月，春天快到了，契诃夫重返故乡的念头更强烈了，但玛丽雅来信说，梅里霍沃的天气还很冷，建议他暂时不要回去。于是契诃夫决定前往巴黎等待天气转暖。

4月28日，契诃夫在巴黎终于等来了妹妹的来信：梅里霍沃天气转好，道路已经畅通无阻。5月25日，他独自一人登上了开往圣彼得堡的北方快车。3天后，他回到了梅里霍沃。

契诃夫认为自己的身体已经康复，他不顾医生的劝告，又像往常一样工作起来。

他计划在自己的梅里霍沃村建一所学校，但是，由于孩子们都急等着上学，他只好临时租下了一间简陋的房子并翻新了一下，然后买来新课桌，聘请了一位老师。

整个夏天，虽然有许多朋友前来探望他，但契诃夫仍然在勤奋地工作，他利用笔记本上积累的素材，接连写了4个短篇小说：《约内奇》《套中人》《醋栗》《论爱情》。

但是，这种创作热情没有持续许久，就慢慢地消退了。7月底，契诃夫就写信向阿维洛娃抱怨说：

> 来访的客人太多，我简直无法给你写信。我多么想给你写一封很长的回信，可是一想到随时都可能有人来打扰，我就没心思写了。果然，就在我写"打扰"这个词的时候，一个小姑娘进来告诉我，有位病人找我看病，必须去看看。
>
> 我失去了写作的兴趣，真不知如何是好。现在，当我

提笔写作或思考该写些什么的时候，我就产生一种厌恶的感觉，就像刚喝了一口发现有蟑螂的白菜汤一般。请原谅我使用了这样的比喻。叫我恼火的不仅仅是写作，而且还有无法摆脱的文学"圈子"，你无论走到哪儿，它都跟着你，就像大气总是包围着地球一样。

秋天来临时，契诃夫又开始咯血了，这一次，他不得不遵从医生的嘱咐，到气候温暖的地方度过俄国漫长的冬天。

1898年9月18日，契诃夫抵达了雅尔塔，在一座开满鲜花的私人别墅里租了两间房子。

但在10月13日，契诃夫接到了父亲去世的消息，他是因为抬一个重木箱受伤，送到莫斯科医治，手术失败后去世的。

契诃夫极度悲痛之余，想起在梅里霍沃的母亲和妹妹："她们该多么孤寂呀，而自己身患不治之症，需要长期在南方。这两头操心也不是长久之计呀！"

于是，契诃夫给母亲和妹妹写信："你们在莫斯科经历了最痛苦的时刻，而我却悠然自得地待在雅尔塔，这种想法一直萦绕在我心头，时刻折磨着我。"

契诃夫认为，尽管母亲十分眷恋梅里霍沃的乡村庄园，但是不该整个冬天都待在那里，她身边只有玛丽雅一个人，而自己又不得不待在南方。于是他下决心，让她们把梅里霍沃庄园的全部家产卖掉，来雅尔塔重建一个新家。

其实契诃夫本身并不愿意迁居雅尔塔，因为他还是留恋莫斯科的，更留恋富有诗意的梅里霍沃。他厌恶雅尔塔的资产阶级气息，早在1889年他曾经在那里休养过，他说：

虽然克里米亚半岛上的雅尔塔风景很美，冬天气候温暖，但雅尔塔是个混血种的城市，有一种欧洲的洋气，又有一股市侩的俗气，仿佛是个闹市场。一幢幢方盒形的旅馆，里面住着许多一天天憔悴的不幸的肺病患者。

那些游手好闲的阔佬贪求廉价艳遇的丑态，脂粉味代替了松柏和海洋的气息。还有肮脏难看的码头，远处海面的凄凉灯火，以及那些小姐们和情人絮叨没完的空话，他们跑来欣赏大自然，其实什么也不懂。总而言之，这一切都给人一种萎靡不振的印象。

在母亲和妹妹到来之前，契诃夫在离雅尔塔约20分钟路程，面对大海的库楚克依村买了一块地，修建了一座"小白楼"。

契诃夫似乎想把故乡的环境尽可能地移植到这里来，他终于有了新构想，把新房子改成一栋漂亮的别墅，有小塔、平台、玻璃走廊，一切都独具匠心，使得到雅尔塔观光的游客都大为羡慕。

1899年8月，他们正式搬进了新居。而母亲和妹妹舍不得那可爱的梅里霍沃庄园，留作每年度夏的别墅。

这可以算是雅尔塔最别致的建筑了，门前是一片空旷的草坪，楼角有不大的花园与果园。通体爽朗、纯洁、轻巧、匀称，并不是按照什么一定的建筑格式建造的。契诃夫自豪地说："如果英国海军舰队要攻击雅尔塔，一定会首先占领这栋别墅。"

契诃夫从一开始就特别注重花园。他很高兴克里米亚半岛冬天竟然是玫瑰盛开的季节，于是马上订购了100株。各种树木也种得很别致，有棕榈树、无花果树、油加利树、柏树，还有含羞草与山茶花等。

他最满意的还是楼内的书房。面积并不大，但一走进门，就看到对面安着黄色玻璃的大窗户。门左面靠窗摆着一个写字台，后面是一个小套间，房顶开了一个小天窗，阳光从那里洒进来。门的右边安着一个棕色的荷兰砖的壁炉。炉顶上立着列维坦画的一幅风景画。

别墅坐落在公路下的一个斜坡上，从窗子向外望去，可以看到一个马蹄铁形的洼地，一直伸展到海边，海本身给四周的房屋围起来，左边、右边、后边三面环山，围成一个半圆。

每到夜晚时，雅尔塔四周的山地上灯火亮起来了，它们与天上的星星混成一片，分不清哪是灯光，哪是星光。

当契诃夫在雅尔塔收到斯坦尼斯拉夫斯基发来《海鸥》演出大获成功的电报时，他内心充满了喜悦，回电说："请转告大家：衷心地感谢诸位。我像杜雷法被流放到魔鬼岛一样被迫待在雅尔塔。不能和你们在一起，深感遗憾。你们的电报使我精神振奋，感到幸福。"

与高尔基真诚相见

1898年5月,比契诃夫小9岁的高尔基出版了他的《随笔与短篇小说集》第一、第二卷。

当时,出版界以苏沃林为代表的守旧派一直把青年高尔基视为"叛徒"而加以攻击和诽谤,当然也就排斥他的作品。后来,多亏富有革命思想的社会活动家陀罗瓦托夫斯基和恰鲁希尼科夫认识到了高尔基作品的重大意义,承担了出版任务。

但是,高尔基小说不仅引起评论界广泛强烈的反响,也引起了沙皇俄国宪警的加倍注意,因为小说中大胆暴露了沙皇政府的罪恶,歌颂革命英雄的功绩。

后来,在特务审查报告中说:此人属极端可疑分子,读书甚多,文笔颇丰,几乎走遍全俄。

5月11日,高尔基被逮捕。这在圣彼得堡的文化界引起了轩然大波,最后宪警迫于压力,又找不到现行的罪证,只好对高尔基实行"特别监视"而释放。

高尔基回到故乡尼日尼—诺夫戈罗德之后,计划利用漫长的冬天从事一项巨大的创作工作，因此，他希望能得到一些前辈的指教。11月份，他把两卷小说集附一封信寄给了契诃夫。

高尔基在信中说："说实在的，我想向您表露我从少年时代就对您默默怀着的真挚热烈的爱戴。我想向您表示，在您那惊人的天才面前，您那忧郁与摄人魂魄、悲凄而温柔、永远那么优美细腻的才华面前我所感受的欣喜。不管怎样，我要握您的手，一位艺术家的手，想必是一个真挚、忧郁的人的手，是吧？"

"为了俄国文学的光荣，愿上帝给您长寿，给您健康、耐心和蓬勃的精神！读您的作品，使我经历了多少美妙的时刻。许多次我边读边哭泣，而且愤怒得像掉进陷阱里的狼一样。"

"让我再一次握您的手，您的才华是一种纯净明朗的精神，只是它被人间的枷锁——日常生活的卑微枷锁束缚住了，因此它是忧郁的。大声哭泣吧，在号啕声中，可以清楚听见悲天悯人的呼唤。"

高尔基在信中对契诃夫充满了羡慕与赞美之辞，当然更多的是谈论文学大事。

契诃夫当时十分忙碌：父亲病逝，在雅尔塔买地盖房，但也很重视高尔基的文学才能，当他坐下来读了高尔基寄来的两卷文集中的一些文章后，很是喜欢，他回信给高尔基，并对高尔基的作品做了指导与批评：

> 你是一位真正伟大的创作天才，你描写某一事物时，就好像看着它，用手抚摸它。这是真正的艺术，你会成为一个伟大的作家，只要你不厌倦、不灰心和不贪婪。

契诃夫的回信，使高尔基深受鼓舞。1899年，高尔基因为肺结核加重，得到宪警机关批准，要到雅尔塔附近的加斯普拉疗养。在动身之前，他又给契诃夫写了第二封信：

您的戏剧是新型的戏剧艺术，现实主义在这里升华为精神高尚和思想深刻的象征。别的戏剧不能把人从现实概括到哲学的高度，而您却能够做到。在俄国还没有一个可以比得上您的短篇小说家，今天您在俄国是一位最有价值的巨人，莫泊桑很好，我很爱他，但我更爱您。我简直不知如何表示我对您的崇拜，我找不到适当的话，请您相信，我是真诚的。您是伟大的天才。

当契诃夫知道高尔基患着肺病，正在雅尔塔附近的加斯普拉疗养时，就向他发出了真诚的邀请：

亲爱的马克西姆·高尔基：

请您快来雅尔塔库楚克依村吧，去年年底我买了一所两层的白石头小楼房，挺别致呢，他们都直呼"小白楼"，也有的称它为"白色别墅"。

我老早就想见您了，趁您被"特别监视"的地点离这儿不太远，又是春暖花开的时候，来吧！我诚心诚意地欢迎您。

1899年3月28日上午9时，高尔基满怀喜悦地来到了"小白楼"。

刚一走进栅栏门，高尔基就发现一位身着白色衬衣的人独自蹲在楼角花园里忙碌着。

契诃夫一眼看见高尔基，高兴地打着招呼："嘿，你来了，高尔基！"

契诃夫一面带着高尔基观看自己的"产业"——这块土地和一栋两层的白色小楼，一面兴致勃勃地说："如果有一天我能拥有许多钱，我就在这里为老弱残疾的乡村教师建一所疗养院。你知道，我会建一座非常宽敞非常明亮的大楼，窗子大大的，房间高高的；还要有一个好的图书馆，各式各样的乐器，还要有养蜂场、菜园和果园。要举行报告会，为教师讲农学，讲神话，教师应该知道一切，一切，亲爱的。"

契诃夫说到这里突然咳嗽起来，他用眼角看着高尔基，露出温柔迷人的微笑："不行，咱们歇歇吧，没想到，咱俩竟成了一对痨病秧子。"

高尔基感觉到，那微笑具有不可抗拒的力量，吸引人去倾听他的讲话。

"你的《鹰之歌》看了令人鼓舞，是英雄的赞歌，战斗的誓言；而我的《海鸥》却是死亡的悲剧与挽歌。惭愧！"

高尔基激动地说："您不能这样说，我说过《海鸥》的内容是庞大的、象征性的，形式是独特的，优美绝伦的！"

契诃夫喘息了一会儿，接着说："听我的幻想是不是让你觉得无聊？我真的爱讲这件事。你知道每个俄国乡村是多么需要一位优秀的、明智的、受过良好教育的老师啊！我国应该给教师创造特殊的好条件，而且要尽快做到。我们应该意识到，没有大批受过教育的人，俄国就会崩溃，像劣质砖建的房子那样倒塌。

"作为教师首先必须是一个艺术家,并深爱他的职业,而我们的教师只是匠人,没受过多少教育,去农村教书倒像是去流放。教师工作累、吃不饱,还要担心丢掉饭碗。可是教师应该是村子里的头号人物,农民应该承认他的权威,尊敬他,谁也不敢对他吆三喝四,羞辱他。

"可是我们这里谁都敢欺负教师:警察、老板、牧师、学校督察员等,都敢高声斥责教师,当面侮辱。这些人并不关心教育,只知道照抄和转发上级下发的公文。教师们的收入是如此的微薄,如此的荒唐。他们个个都衣衫褴褛,在潮湿透风的教室里冻得浑身发抖还要讲课。多数教师在30岁左右就已经患上了痛风、关节炎或是肺病,这简直就是不能容忍的,我们应该为此感到羞耻。

"我们的教师,一年中有八九个月,活得就像一个隐士,没有一个可靠的人可以说说话,聊聊天;他们也没有同伴、没有书籍、更没有任何娱乐,人也因此变得呆头呆脑了;如果他邀请同事去家里做客,就会在政治上受到怀疑,很显然,这个愚蠢的说法是狡猾之徒用来吓唬老实人的。

"这一切都是那么令人厌恶,这简直就是对从事教育事业这一伟大工作的人的极端讽刺。你知道吗,每逢我见到一位教师,我就感到特别的难为情,因为他衣着破旧得实在让人不忍目睹,就好像教师的悲惨境遇该由我来负责似的。我说的这些全是真心话。"

他又一次沉默了,陷入深深的思索中。过了一会儿,他挥了挥手,温和地说:"我们的俄罗斯是个怪事太多、运转不灵的国家。"

一丝淡淡的愁云掠过契诃夫那双漂亮的眼睛,眼角的鱼尾纹使眼睛更加显出沉思的气韵。他环顾了一下,开玩笑说:"你看,我是拿激进派报纸上的大块文章对你放炮了。得了，为了奖励你的耐心，我给你泡杯茶。"他不失幽默地说道。

两个人都开始沉默了，他们慢慢往回走。

那是个炎热而晴朗的日子，水波在明亮的阳光下闪闪烁烁；一只狗在旁边欢快地叫着，它在向主人和客人问好。

契诃夫挽起高尔基的手臂，又咳嗽了一阵，然后慢慢地说："说来可耻又可悲，但却是事实：许多人都羡慕狗的生活。"他马上又笑着加上一句："今天我尽说泄气的话，这说明我老了。"

突然，那只狗死命地叫起来，紧接着，它用3条腿着地冲进了园子，趴在了契诃夫的脚下。

契诃夫抬眼问跟着跑进来的佣人说："怎么回事？"

"它跑到大街上，让马车轧伤了一条腿。"佣人低声说。

契诃夫连忙伏下身来仔细察看着，狗的一条腿皮肉都绽开了，骨头也露了出来，血在不停地往外涌，看着让人揪心。

契诃夫马上回屋找来一些药用品。然后用热水和药水为狗清洗伤口，包扎伤口。他动作轻柔，目光温柔，就像眼前需要救治的不是一只狗，而是一个婴孩。

高尔基注视着那双灵活而温柔的手。契诃夫是那么小心地为狗整理着碎裂的皮肤，还像呵护小孩子一样责备那哀叫的狗："你这个蠢家伙啊，真是蠢啊，别叫了，谁让你自己不小心，不久就会好的，小傻瓜。"

高尔基看到这里，忍不住掏出手帕擦了擦溢出的眼泪，心想："这是一个多么善良的灵魂啊！"

给狗包扎完后，契诃夫让佣人把狗带走了。

他回过头来对高尔基说："不久前这里来了一位教师，他生着病,还有家室。我临时为他安排了一下。"

有时,高尔基真的会发现有那么一位"教师"在契诃夫的房子里。通常他会坐在椅子边上,因意识到自己的笨拙而脸红,汗涔涔地斟词酌句,他总是力图把话说得流畅并极力显出自己受过良好的教育。

或者,他本来是个拘谨害羞的人,却故意做出轻松自如的样子,竭尽全力不在一位作家面前显出愚蠢,于是就接二连三向契诃夫提出一大堆临时想到的问题,弄得契诃夫苦不堪言。

细心的高尔基注意到,契诃夫总是全神贯注地倾听那些枯燥的、不连贯的话。

有时,一丝不易察觉的笑意掠过他那双充满哀愁的眼睛,额头也随即堆起一点皱纹;然后他就说些简单、清楚、平常的话,声音温和无力;可是不知怎么的,这些话立刻就使那位提问题的人回归淳朴,那位教师不再装作聪明,因而也就立刻变得更聪明更有趣了。

当时有一个教师,瘦高个儿,面部显菜色,明显营养不良,长长的鹰钩鼻子朝下巴弯着,显得一脸晦气。他面对契诃夫坐着,黑眼睛死盯着他的脸。

他用忧郁的低音说:"从教师一班人生活空间得来这样的印象,有一物质的团块轧碎了任何以客观态度对待周围世界的可能性,这世界也不是别的,就是教师生活的呈现。"

高尔基感到,这个人是一头扎进了哲学里,在其表面滑来滑去,活像个醉汉在溜冰。

"请告诉我,"契诃夫平静而慈祥地插话说,"在你们区里,打孩子的那个教师是谁?"

那教师从椅子上跳起来，愤怒地挥动双臂："你说谁？我？从来没有！打孩子？"他气呼呼地哼哼着。

"不要激动。"契诃夫继续说，并露出让人放心的微笑，"我不是说你。但我记得是在报上读到的你那个区里有个人打孩子。"

听了契诃夫的话，那个教师又坐了下来，拿出手帕不停地擦他那张出汗的脸，如释重负地叹了口气。

他说："是的，有这样一个案子，那人是马卡罗夫。"

他停顿了一下，继续说道："你知道，这不奇怪。做这样很残暴的事是有原因的。他成家了，有四个孩子，老婆病着，本人又患痨病，工资仅为20卢布，一家人只有一间屋子。在这种情况下，人会无缘无故地鞭打上帝的天使，而孩子们，他们远不是天使，相信我。"

这个人，刚才说话时满口显示聪明的辞藻，完全不顾契诃夫是否吃得消，这时忽然不祥地扇动着鹰钩鼻子，开始用一些简单的、有分量的、鲜明的字眼儿说起话来。

高尔基后来说："这些话像一把火，照亮了俄罗斯农村生活里那可怕的、该诅咒的真相。"

告别的时候，那位教师把契诃夫枯槁的手握在他那双干瘦的手里，说道："我来你这里的时候好像是去找政府当局，怕得发抖，像火鸡一样卖弄，我想表现一下，让你知道我并非等闲之辈。现在我要告辞了，却把你看做是一个什么都懂的亲近的好朋友，什么都懂，真了不起！谢谢你，我怀着愉快的思想离去：大人物更淳朴，并不是莫测高深，在灵魂上比我们周围的人更接近我们。再见！我永远不会忘记你。"

高尔基观察到，那位教师的鼻子扇动着，唇间露出善良的微笑，忽然他又加上一句："说真的，坏蛋们也不快乐，让他们见鬼去吧！"

那人走了出去，契诃夫目送着他，笑着对高尔基说："是个好人，当教师当不长。"

高尔基不解地问："为什么？"

"他们会弄倒他，把他打跑。"他想了一会儿，平静地补充说："在俄国，一个诚实的人就像扫烟囱的，保姆们总拿这种人吓唬小孩子。"

高尔基在契诃夫家住了一个星期，然后恋恋不舍地回到了加斯普拉别墅。

契诃夫同高尔基的出身、经历、个性和气质都不相同，但是对人类的热爱、对真理的追求、对事业的赤诚，把两颗伟大的心紧紧地连在了一起。

此后，契诃夫与高尔基书信不断，他们又见了几次面。1900年，他们两个人结伴游历了高加索，甚至有一同游中国的打算。11月的时候，他们在莫斯科参观了《万尼亚舅舅》的排演。第二年，契诃夫曾到尼日尼诺夫戈罗德去看过高尔基。

但他们更多的见面还是在雅尔塔，并且还相约去拜访托尔斯泰。

契诃夫有一次发现高尔基没有表，便说："一个作家怎么能没有表呢？"并答应送一块表给高尔基。高尔基来加尼日尼之后，契诃夫果然给他寄来一块表，表盖里面刻着：

安东·契诃夫赠给马克西姆·高尔基。

高尔基捧着表狂喜得像个孩子，真想跑到大街上向人们大声喊：

"你们知道吗,契诃夫送我一块表!"

当高尔基的名作《福玛·高尔杰耶夫》出版后,他怀着崇敬的心情,将它献给契诃夫,并在扉页上题着:献给安·巴·契诃夫——高尔基

随书还附了一封短信:我认为,你是我所认识的第一位不向任何事物低头的人。

戏剧辉煌

1899年的深秋，契诃夫在莫斯科观看了《万尼亚舅舅》的几场排练之后，便先行返回了雅尔塔。他平静地等待着该剧演出之后的消息。

奥尔加在剧中饰演叶莲娜这一角色。契诃夫在观看排练的时候，从来不会疏漏任何细节。他甚至对剧中不易被人注意的普通角色也要求很严，一丝不苟，演员们的表演稍有不当或者过分夸张，他都毫不客气地直指出来。但是，他唯独对奥尔加的语气比较婉转，还因此被众人戏称为"女演员视察员"。

奥尔加是个非常敬业的演员，她为了饰演好这一角色，经常给雅尔塔的契诃夫写信，询问这一角色的心理特点，契诃夫也总是耐心地为其回信，并较为详细地讲解。

《万尼亚舅舅》演出取得了巨大的成功。高尔基看了一遍后，觉得意犹未尽，便又看了第二遍。当他第二次观看了该剧后，就赶紧写信给契诃夫。

他在信中说："总想再看《万尼亚舅舅》，我又订了票，还要再看一遍。这个剧充满哲理和象征意义,剧本所采用的表现形式使它成为独树一帜、无可比拟的作品。"

直到这时,契诃夫才完全地确信,这个剧已经开始获得了前所未有的成功并将经久不衰。

当丹钦科抱怨工作太多,并打算辞去剧团指导委员会的职务时,契诃夫热情友好地劝阻他说:"啊,你不要感到厌倦,你的热情不应冷却!将来有一天,人们撰写俄国现代戏剧史的时候,艺术剧院将成为这部史书中最美的篇章。这个剧院应该是你的骄傲,它是我唯一喜欢的剧院。如果我生活在莫斯科,我愿成为剧团的一员,哪怕只是当个看门人,以便能够助你一臂之力。如有可能,我将劝你不要对这个可爱的剧团漠不关心。"

《万尼亚舅舅》演出以后,大家都劝契诃夫为莫斯科艺术剧院再写一个剧本。契诃夫本来很愿意,但他却要等到亲眼看见自己所有的剧本都演得很好后,才答应再写新的剧本。

这时,契诃夫的生活也不再那么拮据了。1899年初,圣彼得堡大出版商马克斯购买了他全部作品的出版权。根据合同,他的剧作获得了75000卢布的优厚稿酬,并且定期收到预付款。契诃夫用玛丽雅的名字开了户头,在一家银行存了5000卢布。

这时候,莫斯科艺术剧院得知契诃夫的情况,决定去雅尔塔举办戏剧节,以缓解病中的契诃夫的苦闷和抑郁心情。斯坦尼斯拉夫斯基拍着手掌招呼正在排戏的演员们说:"契诃夫病得很厉害,不能到我们这儿来,而我们身强体壮,所以我们到他那儿去。如果穆罕默德不到山前来,山就到穆罕默德跟前去!"

整个排练厅一片欢乐:"对,我们去朝拜穆罕默德——契诃夫去!"

1900年4月，莫斯科艺术剧院的导演们决心组团到克亚米里半岛去巡回公演。许多演员都带着妻子同行；同时，还有一位著名的剧评家加入到这次巡回演出的评论。

奥尔加在玛丽雅伴随下，先期到达雅尔塔。她怀着十分喜悦的心情来到契诃夫身边，以一位女朋友的身份在契诃夫家住了3天。那里的一切都使她迷醉：楼房、花园、仙鹤、爱犬，那间写出名著的工作室，特别是那亲切、温柔、舒适、充满笑语和俏皮话的交谈。

遗憾的是，那时的契诃夫正因大量咯血而卧床不起。在病重的情况下，他还要接待许多来访的朋友，使他们没有多少时间单独相处，两人都感到有点儿失望。奥尔加失魂落魄地独自一人去了斯瓦士塔普，与剧团会合。

4月9日，莫斯科艺术剧院剧团的全体成员，带着4个剧目的布景和道具，乘火车来到了斯瓦士塔普，他们的旅途充满欢声笑语，大家的兴致都特别高。

早在正式公演之前，所有的座位都被预先抢购一空，首先掀起了高潮的序幕。

契诃夫也特意从雅尔塔赶到了斯瓦士塔普。他在剧院的角落里选了一个不易被观众发现的位置安静地坐下来。

由于演员的表演极为精彩，此次演出又获得了巨大的成功。当《万尼亚舅舅》演完后，台下的观众大声呼叫着要见该剧的作者，于是契诃夫在丹钦科夫妇的安排下，出现在舞台上。

在离开斯瓦士塔普时，艺术剧院剧团在港口受到了观众的热烈欢送。

大剧团来雅尔塔演出的消息轰动了全城。那天剧团乘坐的轮船刚刚抵达港口，码头上就已挤满了前来欢迎的人群。尽管当时天气

世界名人传记文库 | *171*

恶劣，人们仍然抑制不住内心激动的心情，欢呼、献花、拥抱，演员们好像从前线胜利归来的战士一样，沉浸在欢乐之中。

第二天，契诃夫在奥特卡为剧团举行了招待会，欢迎剧团全体成员。当专程来雅尔塔欢迎剧团的作家和艺术家布宁、高尔基、库普宁、拉什马尼诺夫出现时，全体演员一片欢呼。

奥尔加和玛丽雅忙着招呼客人，契诃夫精神焕发，笑容满面，不停地走来走去，对每一位客人都讲一两句令人感到愉快的话，那种快乐心情是他很久以来所没有的。

演出定于4月16日开始，剧院票房忙得不亦乐乎，票房窗口排起了购票的长蛇阵，四出戏的门票很快又被观众买光了。

剧团这次安排，其实是专为让契诃夫看《海鸥》和《万尼亚舅舅》演出的。演员们虽然胸有成竹，但仍然感受到来自契诃夫和观众的双重考验。结果，每场演出都获得了空前的成功。

观众的情绪逐渐高涨起来，鼓掌声和欢呼声经久不息，舞台上，演员们不得不多次谢幕。契诃夫也显得异常地兴奋活跃，这是他生活中少有的欢乐日子。

观众主要是来度假的有钱人、教师、地方官员和得了结核病的患者。契诃夫的母亲从来没有看过她儿子的忧伤，这次也坚持要来。

后来，他们全都拥到契诃夫的家里去。一时间，契诃夫的别墅里门庭若市，热闹非凡。

这下可把契诃夫的母亲和妹妹忙坏了，要知道，一次准备那么多人的午餐也是件很累人的事。奥尔加也卷起了袖子，动作麻利地帮起忙来，与她们一同准备午餐，就像未来的女主人一样。

由于客人比较多，家里显得异常拥挤。但是人们并不因此而影响兴致，欢声笑语，让菜敬酒，气氛显得更加活跃了。

客厅的一角，正进行着关于文学问题的争论。花园里，一群人像孩子一样，比赛看谁把石子掷得最远。契诃夫在几个餐桌间来回穿行，忙个不停。

席后，大家又唱又跳，一直闹到午夜时分。

4月23日，在戏剧节结束那天，《海鸥》演出结束后，人们为契诃夫举行了庆祝会。按照习惯，他是不会参加这类活动的，但盛情难却，他不得不上台与观众见面，那欢腾热烈的场面使他深深感动，人们给他送上饰有红色绸带的棕榈枝，绸带上写着"献给安·巴·契诃夫，俄国现实社会精辟阐释者"，还有200多人签名的贺词。

这是契诃夫有生以来第一次目睹自己的剧作受到公众如此的盛赞，他好像一栋整个冬天都钉着窗板、关门闭户的房子，春天一到，突然把门窗打开，所有的房间都充满了阳光，绽开了笑容。

契诃夫也向每个演员赠送了一件金质饰物，里面装有他向演员们朗读《海鸥》的微型照片。在赠给丹钦科的金饰物背后，镌刻着这样一行字："感谢你把我的《海鸥》演得栩栩如生。"

雅尔塔戏剧节的演出使契诃夫跟艺术剧院的交往和友谊更密切了，剧院的作家，作家的剧院，这种关系直到生命的最后一年都没有任何改变。

4月底，艺术剧院的人马结束了巡回之旅返回莫斯科。契诃夫为了酬谢远道来访的艺术剧院，开始动笔写另一个新剧本《三姐妹》。

由于身体衰弱，又有许多人的拜访，再加上忙于出版全集，契诃夫这个剧本的进展相当缓慢。

1900年10月至12月，契诃夫一直都留在莫斯科，以便有更多的时间监督艺术剧院排演他的新剧《三姐妹》。

1900年底艺术剧院开始排练《三姐妹》。剧本在演员中引起了不同看法，有的认为"这哪是剧本，只不过是个提纲"，"这戏没法演，没有角色，光有素描"；有些演员搞不清究竟是悲剧还是喜剧。

契诃夫对剧本的那些评价感到非常恼火、难堪。他想放弃这个剧本，后来在别人的劝说下，他便坐在饭店房间里，大刀阔斧地进行修改。

这出戏写的是一位将军的3个女儿，她们出生在莫斯科，后来随军在外省过着庸俗乏味的生活，她们渴望返回莫斯科。她们的口头禅"回莫斯科，回莫斯科"贯穿全剧。

三姐妹各有不同的性格。二姐由奥尔加扮演，那是一个性格暴躁、敏感，但很热情的女子，她嫁给了一个愚蠢而又自负的小学教员，她把自己的失意归咎于整个世界；大姐性格孤僻，郁郁寡欢，似乎准备终身不嫁；三妹开朗活泼，天真浪漫，充满幻想，准备为事业献身。三姐妹在失望中以梦幻自慰。

后来一个炮兵团来这个小镇驻防，几位军官常去她们家玩，他们之间发生了暧昧关系，也给她们三姐妹带来新的生活的希望。不料炮兵团突然换防。军官们抛下三姐妹远去，她们刚刚燃起的生活热情之火被扑灭了，她们的幻想破灭了。

契诃夫想通过三姐妹的悲惨命运的展现，让人们对人生进行思考：人活在世上有什么意义？他认为把人们的本来面目展现在他们自己面前的时候，当他们认识到自己在烦恼中打发日子的时候，他们将依靠自己创造一种不同于今天的美好生活。

剧中人物只有对未来美好生活的渴望和追求，而没有为美好生活的到来作实际斗争的行动。对人物这种矛盾的心理状态，契诃夫给予了辛辣的讽刺嘲笑。

契诃夫写《三姐妹》是以他在沃斯克列先斯克的一段生活经历为背景，并注入了他亲身感受的许多东西，在为奥尔加塑造玛莎这个角色时，也注入了他的许多个人想法。

1901年2月初，《三姐妹》在艺术剧院上演后，和契诃夫其他剧本命运一样，初演时反应不很热烈，但越往后，越成功，越红火。

迟到的婚恋

当契诃夫还年轻的时候,他就已经感觉到岁月的压力。当弟弟妹妹都结了婚之后,几位朋友也劝他赶快结婚。契诃夫也并不反对,常常讨论到结婚这个主题,但往往得到相反的结论。有时,他还有终身不娶的论调。

1895年时,当一位记者极力劝契诃夫结束独身生活时,契诃夫在回信中写道:

> 好吧,如果你希望这样,我就结婚。不过我的条件是:一切必须照旧,即她必须住在莫斯科,而我住在乡下,定时的探访会面。我不能忍受天天都生活得快快乐乐,我答应做一个出色的丈夫,不过得给我这样一个太太,她要像月亮一样,不会整天都出现在我的天空。结婚后,我写的作品也一定不会好了。

后来,虽然契诃夫也很喜欢、也遇见过聪慧而且漂亮的女人,但他不轻易恋爱，直至他平生第一次深深地爱上了女演员奥尔加。

自从1898年秋天在莫斯科艺术剧院见到正在排练的奥尔加，契诃夫就对她留下了深刻愉快的印象。契诃夫写信说："如果我再继续留在莫斯科，我将会恋爱了。"

1899年春天，契诃夫又来到莫斯科，剧院单独为他演出了《海鸥》。然后就决定《万尼亚舅舅》一号女主角由奥尔加担任。这时两个人已经相当熟了，而且妹妹玛丽雅在与奥尔加见过几次面之后，成为了无话不谈的好朋友。

1899年5月7日，契诃夫刚回到梅里霍沃，就向奥尔加发出邀请，让她去领略一下俄国农村万紫千红的春天景色。奥尔加来到了契诃夫身边度过了美好的3天，她被契诃夫本人和他的家人吸引住了。当她告别的时候，他们互道倾慕之情，渴望重逢。

6月，奥尔加动身前往高加索的姆次加特，去她哥哥家度假。月底的时候，她写信给契诃夫，建议他到南方会面。契诃夫欣然接受。他们于7月18日在新罗西斯克会合，然后一起从那里乘船去雅尔塔。8月2日，两个人双双起程回莫斯科。

一路上，他们饱览了沿途山区景色。在这馥郁芬芳的气氛中，轻松愉快地交谈。这次聚会使他们彼此更加接近了。

1900年4月的雅尔塔戏剧节过后，契诃夫越来越钟情于奥尔加，他们的关系越来越亲密。

奥尔加跟艺术剧院回到了莫斯科，契诃夫继续留在雅尔塔。契诃夫的精神有了新的寄托，但两地相思又使他产生了新的苦恼，于是便不断地跟奥尔加通起信来了，他对她的钟情通过书信中惯有的幽默传达给奥尔加。

这时候契诃夫成了新庄园的工程师和监工头了，他希望新庄园能尽早完工，以期有一个更好的生活和写作环境。

由于契诃夫闻名遐迩，到别墅的来访者接踵而至，在同一时间，一些高个子姑娘，戴着宽边白草帽，张着嘴，趴在他的宅院和路边之间的栅栏上，长时间向院里张望。

各阶层的人都来看契诃夫，其中有科学家、文学家、乡村村长、医生、军人、画家、教授、养老院议员、上流社会人物、神甫、演员等，契诃夫虽然经常抱怨客人太多，但总是热情接待、招待他们。

尽管自己身患重病，契诃夫仍然关心着社会福利事业，关心着别人的痛苦和忧愁。

"小白楼"在雅尔塔吸引了来自俄罗斯四面八方的人，他们中有许多"小人物"，怀着虔诚的、胆怯的心情跨进契诃夫家的门槛。契诃夫具有一种使他们很快恢复到平常的自然心态的力量，于是他们感觉到像到了自己家里。那时，许多穷教师、穷作家、穷学生都喜欢找他，请他帮忙，找住处、借钱、改稿，他从来没有推脱过。

这时，契诃夫的苦闷烦恼一方面由于他的健康并未因为戏剧节的欢乐而改善；另一方面他沉湎于对奥尔加的思念。

契诃夫在度过了 40 年的苦难人生之后，才品尝到了真正的浓厚的爱情滋味，使他已经憔悴了的心灵，又充满了青春活力，开始了新的生活。

1900 年 5 月 8 日，一个人的契诃夫在雅尔塔就待不住了。他瞒过医生到了莫斯科，这时列维坦重病垂危，契诃夫去看望了他，这是两位老朋友的最后一次会面，然后才与日夜思念的奥尔加重逢。

契诃夫获知列维坦去世的消息后，他悲伤万分，他的病又加重了，不得不只身一人返回雅尔塔。回去以后，他立即给奥尔加写了一封信：

"亲爱的，迷人的演员，你好啊！你近两天好吗？你感觉怎样？我返回雅尔塔途中，身体一直很不好，我在莫斯科期间，头痛得很厉害，而且发烧，我不该瞒着你，不过现在没什么了。"

回雅尔塔以后，契诃夫自我感觉不错，一时心血来潮，便决定跟高尔基和其他几位作家朋友去高加索旅游15天。

他们沿格鲁吉亚军事公路，参观了许多清真寺，到达第比利斯，并在那儿逗留了几天。然后到达巴统，经海路继续航行。

在从第比利斯到巴统的火车上，契诃夫意外地遇到了奥尔加，他惊喜万分。她陪伴母亲去巴统短期度假。他们在一起度过了欢快的6个小时，并约定奥尔加于7月份到雅尔塔相会。

奥尔加果然如期到达了雅尔塔。他们两个人之间交往、通信将近两年，但是在一起朝夕为伴、亲密相处还是第一次。

这期间奥尔加就住在契诃夫家。由于她跟玛丽雅已是好友，所以在那里生活得十分惬意自如。每日每时的接近，奥尔加那活泼欢快、充满青春活力的迷人的魅力，比相隔遥远的时候更加撩人，甚至她的任性也使契诃夫感到神魂颠倒。

奥尔加不时含情凝睇、娇言蜜语撩拨契诃夫，契诃夫则尽量克制自己的感情，保持着既亲热又冷静的姿态，只是用一些玩笑话向奥尔加献殷勤。她一次次地期待，但一次次地落空，这使她感到失望、恼恨。

一天晚上，母亲和妹妹已经在房间里酣然入梦了。外面，天空一轮皓月，把皎洁的柔和的光芒，洒到白色别墅上；洒到工作间的桌上、地上；洒到他们俩人的身体上。远处传来了悠扬的手风琴声、歌声。夜是那么宁静,那么幽美,跟他们的欢乐幸福融汇成了一个整体。契诃夫终于打开了感情的闸门,他张开双臂,与奥尔加拥抱在一起。

从此,他们俩每天晚上都偷偷幽会,或在契诃夫的工作室里,或在他的卧室里,有时也在他早先买的海岸边的古里祖夫木屋里。那里海风习习,海浪拍岸,别有一番情调。

奥尔加经常穿着契诃夫最喜欢的白色长裙,波浪似的乌发披在双肩,轻声地唱着格林卡的浪漫曲:"不要白白追求我……"他俩亲热过后便静静地躺着,情意绵绵地诉说衷肠,尽情享受人间最美好最幸福的时光。

他们尽管小心翼翼地掩饰着,但仍然未能瞒过玛丽雅和母亲的眼睛。玛丽雅对哥哥能从奥尔加那里获得幸福感到很高兴。但根据经验推测,她认为他们的爱情不过是一时的冲动而已。

高尔基听说契诃夫的恋人来了,便时常来探望。给他们讲他的流浪生活,讲得十分迷人。契诃夫和奥尔加坐在书房里静静地听着。

奥尔加的假期在这安静舒适的环境里很快就过去了,她得赶回莫斯科艺术剧院。契诃夫和奥尔加在分别以后还久久沉浸在那些幽会的欢乐中。奥尔加数次在信中激动地倾诉与契诃夫相会时的生动印象和感想:

> 我是多么喜欢坐在你的书房里,只是为了静静地、静静地在你身边休息,然后就跟你捣乱,说些傻话,胡闹一通。记得吗,你怎样领我上楼,那该死的楼梯"吱嘎吱嘎"地响,把我们给暴露了。天啊,我简直像一个幼稚的女学生,都写了些什么呀!

契诃夫则写道：

> 你好！我亲爱的奥尔加，我欢乐的源泉！我现在仍在雅尔塔，由于你不在身边，我感到空虚怅惘，烦躁不安，我想着你。你离开之后，这里一切都糟透了。
>
> 要是没有你，我非悬梁自尽不可。我望眼欲穿，我常常有一种错觉，好像房门就要打开，你就会闪身进来，可是你来不了，你此时不是在排戏，就是远离雅尔塔、远离我，可爱的小姑娘。

当时，契诃夫和奥尔加的会面，主要取决于他与剧院方的会见。由于这种关系，他开始写出了《三姐妹》。他在信中对奥尔加说："我正在写一个剧本，但愿我在写时心情不要太忧郁，如果真是这样，那我就将它搁置到明年或我想再动笔的时候。"

奥尔加回信说："安东，没有你我太寂寞了。我恨不得马上见到你，亲亲你，看看你。我就像被抛在茫茫大海里一样。来吧，我要全力以赴，以便使你心情舒畅，精神焕发，让我的爱使你一切都美好。你的爱也会使我一切都感到美好吗？亲爱的，亲爱的，我多么想过完美的生活啊。"

奥尔加渴望过朝夕相处的完美生活，没有这种生活会使她萎靡。但契诃夫知道，他的后半生注定要在雅尔塔了，他的病体把他拴在了这里，不能给她这种完美的朝夕相处的生活。

而奥尔加虽然也舍不得离开南方、太阳和契诃夫，但她得回莫斯科去排戏啊！

这是契诃夫同样感到苦恼的。而且契诃夫自己没有完美充实的生活同样会萎靡。他们亲密相逢之后再次别离所带来的孤独感，使这种过充实生活的欲望更加强烈了。

奥尔加一再催促契诃夫离开雅尔塔来莫斯科相聚。她抱怨契诃夫是铁石心肠，不愿吐露真情："我们非见面不可，你必须来，一想到你形单影只在那里胡思乱想，真是怕得要命。安东，我心爱的，我亲爱的，来吧。难道你不想见到我吗？难道你一想到把我们的命运连在一起，就心情沉重？到底怎么回事，你写信开诚布公地告诉我！"

契诃夫见奥尔加对他的爱产生了怀疑，连忙给她回信，先消除她的怀疑和指责，然后说："我已经对你说过一万次，也许今后仍将长久地说下去的那句话，就是：我爱你，再没有别的了。如果说目前我们没有住在一起，那既不是你的错，也不是我的错，而是那个恶魔——侵入我肌体的杆菌以及在你心中对艺术的热爱。"

12月23日，契诃夫终于来到莫斯科，下榻在莫斯科一家旅馆，每天到艺术剧院去看排练或演出。奥尔加在排练的空闲时间总是急急忙忙地赶到旅馆去看契诃夫，给他带去糖果、鲜花、香水等物。在桌上放了茶饮，预备了切得薄薄的面包，抹上黄油和蜂蜜。

契诃夫看着她在身边来回忙碌，活像一个家庭主妇，可是他仍然不向她求婚。他对这种自由的、不公开的热烈的爱情感到满意。

一周之后，契诃夫的身体又受不住那里潮湿阴冷的气候，便离开莫斯科，去尼斯和意大利做了3个月的旅游。回来以后又住在雅尔塔，继续修改剧本《三姐妹》。他仍像过去那样几乎是每两天给奥尔加写一封信，那口气总是十分温柔亲切的，可是从不谈结婚的事。

1901年4月，艺术剧院带着《三姐妹》去圣彼得堡巡回演出，契诃夫向奥尔加提出，在演出结束后去雅尔塔相会："我从国外给你带来一些很好的香水，你必须在复活节前到我这里来取。你一定得来，我的亲爱的，我所爱的人。如果你不来，那就深深伤了我的心，就会把我害死了。我现在已经开始等你，一天一天地数着日子，一小时一小时地数着时辰。给我写信吧，没有你，我就什么都完了。如果丹钦科派你在复活节前一周里排戏，那么就去告诉他，说他可恶，说他像一头猪。"

但奥尔加不同意，她在给契诃夫的信中写道："我很想到你那里去，但我们不能仅仅以像现在这样的朋友的关系相处，这你是知道的，这种躲躲闪闪我已经厌倦了。这使我感到难过，非常难过。我要结婚，就在莫斯科完婚！我考虑成熟了，不能再等！"

这一次，契诃夫明白了，他感到如果为了恪守独身自处的原则坚持不结婚，可能失去他第一次钟情的女子，牺牲一生中最后的欢乐，也毁灭了他心爱的奥尔加的终生幸福。难道结婚以后就不能保持写作所需要的宁静心境吗？他经过反复思考，终于妥协了，3月16日，他给奥尔加的信中说：

好，我答应你，你可别后悔。我四处奔波，疲惫不堪，我未老先衰。说起来，你会觉得我像一位老爷爷，而不像丈夫。我已经完全放弃了我的文学事业，我们结婚以后，你也应该离开舞台，我们一起过田园生活。如果你不愿意，那么你就再演5年戏，以后再说。

如果你执意要结婚，我有个要求：5月初我去莫斯科。只要你答应，在我们的婚礼结束之前，莫斯科不会有一个人知道这一消息，那么我在到达的当天就可以跟你结婚。不知道为什么，我十分害怕举行婚礼，害怕人们前来道喜，手举盛满香槟的酒杯，对人茫然地微笑。

5月11日，契诃夫抵达莫斯科，16日去检查身体。他的病情大大恶化了，肺结核扩散了。

结论确实令人震惊，无论雅尔塔还是尼斯的疗养都未能阻止病情的发展，相反，仍然在恶化、恶化，迅速地恶化，身为医生的契诃夫，自然明白病情的致命性。他清楚自己残留的生命已经不长了。

1901年5月25日，年满41岁的契诃夫和奥尔加在莫斯科一个小教堂举行了婚礼。

事先，不但契诃夫的朋友、奥尔加的剧院同事不知道，就连双方的家人，包括关系最密切的玛丽雅也不知道。而双方的证婚人是必不可少的，奥尔加一方是她的哥哥和叔叔，契诃夫一方则是两个陌生的大学生。

婚礼后，新婚夫妇立即去奥尔加的母亲那里，向她告别，便从那里直接去车站，登上了开往尼日尼诺夫戈罗德的列车，这是他们旅行结婚的第一个目的地。

遵照那位休罗夫斯基大夫的建议，契诃夫决定到乌法州的疗养院去，他需要接受马奶酒的治疗。动身之前，契诃夫给在雅尔塔的母亲拍了电报：

> 亲爱的妈妈，请为我祝福吧，我已成婚。一切仍像过去一样。我去接受马奶酒治疗，我身体已见好转。

乌法州疗养院是一个风景优美的地方，是一个疗养的好去处，只是太闭塞。经过一个多月马奶酒的治疗，契诃夫体质有所增强。

但他对疗养地厌烦起来，于是在 7 月 1 日提前出院，和奥尔加一起回雅尔塔。

蜜月结束后，夫妻两个人彼此约定：婚后暂时分居，各自干自己的工作，每完成一个剧本，就到火车站候车室见面。

8月，奥尔加离开雅尔塔返回莫斯科。以后，只有夏天的几个月他们能住在一起，其他时间，只能用写信来抚慰彼此的心灵。他们的信件极多，几乎每天一封，一旦没有接到对方的信，就疯狂地打电报询问理由。

投入革命风暴

契诃夫在高尔基的影响下，对社会问题和政治问题产生了浓厚的兴趣，在酝酿《三姐妹》时，为了适应表现革命前夜国内出现的新情绪，必须寻找新的情节，新的写作风格和新的艺术表现手法。他曾经对高尔基说："我正在创作一部巨著，我感到现在不应该像从前那样去写，不应该写从前那些东西。应该用另一种方式，写另外的题材，写另外的具有严正、诚实品格的人物。"

在多幕剧《三姐妹》中，契诃夫就传达出了带有预见性的话："到那时候，一个庞然大物将向我们奔来，一场大风暴正在酝酿着，大风暴即将来临，将以迅雷不及掩耳之势横扫我们社会的游手好闲、冷漠无情、鄙视劳动、腐败堕落，再过25年或30年，干事的将是每一个人，每一个人！"

契诃夫已经感到暴风雨临近的气息。谢·叶尔帕季耶夫斯基说："昔日的契诃夫已经不存在了，暴风雨前的俄罗斯，掀起了汹涌澎湃的浪潮，契诃夫也成了弄潮儿。曾经不问政治的契诃夫，以另一种方式全身心地投入了政治。曾经充满悲观主义、怀疑主义情绪的契诃夫相信，不是再过200年将过上美好生活，正如他的作品的主人公所说：这样的美好生活在俄罗斯已日复一日地近了。眼看着现在全俄罗斯正沿着新的、光明的、欢乐的方向前进。于是，他完全成了另一个人，生气勃勃、精神饱满。他的风度不一样了，声调也变了，给人以新的感觉。"

19世纪末，欧洲爆发了工业危机。这一危机很快便蔓延到俄国。1901年至1903年间，俄国有3000多家企业倒闭，10万余名工人失业。工业危机和失业的痛苦，使工人的斗争具有了革命的性质。工人从经济罢工转到政治罢工，举行游行示威，提出民主自由的政治要求和"打倒沙皇专制制度"的口号。

俄国社会生活中，接连发生了预示着革命风暴临近的风起云涌的学生运动和群众运动。

政府当局采取了残酷镇压的手段。1901年1月，基辅大学学生被判处充军。沙皇政府这一反动措施导致了2月和3月圣彼得堡学生的两次罢课和声势浩大的游行抗议。

3月4日，游行队伍到达喀山教堂附近时，惨遭政府当局的野蛮镇压。继而开始了大规模的逮捕。在被捕者当中还有高尔基和俄国数学家波谢。

获悉这一惨痛消息以后，契诃夫十分愤慨。不仅是因为他的好友高尔基遭到不幸，更主要是对俄国专制制度专横的、野蛮的政策的强烈不满。他越来越对政府当局采取敌视态度。

高尔基本来就患有肺病，在狱中病更加重了。后来由托尔斯泰出面保护，高尔基才被释放出狱，但仍然没有人身自由，时时刻刻都要受警察监视。

后来，高尔基离开故乡到雅尔塔附近来养病。尼日尼的革命青年群众为高尔基举行了盛大的欢送会，还在火车站举行示威游行，抗议政府对高尔基的迫害。当高尔基乘坐的邮车开走后，群众又涌向市中心，在一条主要街道上举行集会，其声势之大是官方所没预料到的。

列宁针对这件事，在《火星报》上发表文章评论说：

> 11月7日尼日尼这次规模不大然而是成功的示威，是为了给高尔基送行而举行的。专制政府不经审讯，就把这位全欧闻名的作家驱逐出他的故乡，这位作家的全部武器就是自由的言论。

仅仅几年的时间，契诃夫的身体就越来越虚弱，越来越离不开手扶椅了。他经常过着病榻生活。在他极端困难的情况下，他以对革命即将来临的信念，以其新的艺术思想和无比坚强的毅力，创作了《三姐妹》《未婚妻》和《樱桃园》这些反映时代精神的作品。在自己的作品中反映他的政治思想倾向外，契诃夫对当时现实的政治斗争既表现出浓厚的兴趣，又表现出鲜明的态度，而且付之于行动。

随之而来的是震惊世界的"高尔基事件"。这也是困扰契诃夫的，考验他的政治立场的一个大事件。

还在1899年2月，契诃夫就和托尔斯泰、柯罗连科、诗人任姆丘日尼科夫被选为科学院名誉院士。

1902年2月，高尔基和著名戏剧家苏科沃·科贝林，以优美的文学创作被选为科学院名誉院士。当时，高尔基住在离雅尔塔不远的加斯普拉，契诃夫高兴地前往向他表示祝贺。

高尔基因参加和支持学生运动被捕以后，关于他的名誉院士的选举，在统治集团内引起了不满。

3月10日，科学院院长以科学院的名义搞出了一个官方声明，声明说："科学院不知道高尔基在学生运动中构成了政治罪。因此，宣布选举无效。"

契诃夫得知这个决定以后，感到无比震惊和愤怒。他向科学院提出恢复高尔基名誉院士的要求，但是等了许久不见回音。

契诃夫最后相信，这事已经无可挽回了。于是他想对政府当局迫害文学家的行为明确表示自己的立场。他第一次在道义上感到有必要参与政治斗争。

3月14日，柯罗连科致函契诃夫，对沙皇政府的卑劣行径表示愤慨。4月，契诃夫约请柯罗连科前往雅尔塔，共同商讨对付"高尔基事件"的办法。5月，柯罗连科应约来到雅尔塔。

1902年8月25日，契诃夫给俄国科学院院长寄出了一封请求辞去科学院名誉院士的信函：

> 2月时，别希科夫当选为名誉院士，我是第一个把他当选的消息带给他的人，我也是第一个庆贺他的人。不久以后，报上披露：由于别希科夫的政治观点，依据法令，撤销了他的当选。我认为这件事前后矛盾，与我的良心不合，我不能勉强我的良心同意这件事。法令虽然我已经研究过了，却不能使我信服。经过深思熟虑，我只能得出这样一个结论，对我是极痛苦和令人遗憾的结论。这就是十分恭敬地请你撤销我的名誉院士的头衔。

同一天，契诃夫写信给柯罗连科，向他通报了这件事。柯罗连科完全同意契诃夫的行动，并采取了同样的办法，对沙皇政府表示抗议。

契诃夫的辞职信被各秘密报纸刊载，并且很快传到国外。大部分俄罗斯知识分子赞同契诃夫和柯罗连科的行动，对他们给予了很高的评价。契诃夫的声望越来越高了。他原来留在人们思想上的"不可救药的悲观主义者"的形象，已被为祖国光明的未来，为反对沙皇政府的专制统治而斗争的战士形象所代替了。

契诃夫讨厌意志薄弱、萎靡不振的人。赞扬埋头实干、善于进行斗争的人。在他的作品中，暴风雨临近的旋律越来越高昂，他对怀着"过200年，生活将变得更好"的美妙幻想，却不能为这个更美好的明天的到来而斗争的自己的那些主人公的讽刺更加尖刻。

契诃夫对他周围的那些言行不一、意志薄弱的人，尤其对他周围的那些高谈阔论、不干实事、性格软弱的知识分子感到痛心。他一方面责备他们，而且随着时间的推移，责备得更尖刻；但同时仍然跟他们在一起，希望他们变好。

所以他不仅批评那些人的弱点和缺陷，而且努力激发他们心灵中美好的一面，使他们相信自己，相信光明的未来。他这种想法总是通过自己的作品反映出来。契诃夫对自己笔下的那些主人公感到气恼，他们只是奢谈暴风雨和幸福美好的生活即将到来，但是他们不了解斗争的道路，不了解通向未来的道路。

他不光是给以嘲讽，而更主要的是号召他们抛弃软弱性，去寻找这种道路。

俄罗斯革命前夜，圣彼得堡形势活跃期间，谢·叶尔帕季耶夫斯基从那里回来时，契诃夫当天迫不及待地打电话给他，叫谢·叶尔帕季耶夫斯基刻不容缓地马上到他那儿去，他有一件非常重要的不能迟延的事。

原来，这件极其重要的、不能迟延的事，是他焦躁不安、心急如焚地想要立即知道莫斯科和圣彼得堡的情况。不是从前那样单方面地向谢·叶尔帕季耶夫斯基了解文艺界的活动，而是政界的动向，革命运动的形势。

当谢·叶尔帕季耶夫斯基为那时所发生的一切感到迷惑不解，表现出些许怀疑态度时，他激动起来，并带着激动的、斩钉截铁的口吻对谢·叶尔帕季耶夫斯基说："你怎么能这么说呢！难道你没有看见，一切都在动，从上到下都在动！社会在动，工人也在动！"

契诃夫在谈到自己的文学创作时，总是很严肃的。他出乎意料地把一本手稿递给谢·叶尔帕季耶夫斯基说："啊，我刚刚写完。我希望你能把它通读一遍。"

谢·叶尔帕季耶夫斯基把手稿看了一遍，那就是短篇小说《未婚妻》。这篇小说一改过去愁闷抑郁的调子，给人以全新的感觉。很明显，契诃夫的整个情绪发生了骤变！在他一生的艺术里程中开始了他创作的新时期。

作家捷列绍夫说："契诃夫常常谈到那不可避免和即将在俄国爆发的革命。"

另一位作家韦列萨耶夫也证实：契诃夫对社会政治问题表现出浓厚的兴趣，使我感到十分意外。过去都说，他是一个完全不问政治的人。单是他跟那种人，如《新时代》的出版商苏沃林的友谊，就叫人愤慨。而现在，他完全是另一个人，那时辉映在整个俄罗斯上空的革命闪电，使得他兴奋不已。

最后的戏剧杰作

1901年2月,《三姐妹》在莫斯科首次上演后,契诃夫就想再写个剧本。他写信给奥尔加说:"我经常都有为艺术剧院写一出4幕通俗笑剧或喜剧的强烈愿望。我将要写出的下一个剧本一定是可笑的,非常可笑的,至少构思是这样。"

他想借此剧改变人们把他的剧本曲解为"反映俄国令人痛苦的沉重生活的凄凄切切的悲剧"的看法。契诃夫差不多把喜剧解释为乐观向上的同义语。

但是,由于写《未婚妻》精力耗损过大,他很想休息一段时间,恢复元气。然而,一些读者期待他写出新的引人注目的戏剧作品。他理解读者的心情,他为不能满足他的崇拜者的愿望而深感不安。觉得自己已经跑到了终点。

奥尔加从莫斯科来信,总是要他再写一个剧本。斯坦尼斯拉夫斯基和丹钦科也附和着奥尔加,他们把剧院的成就总是寄托在作家身上:

我觉得自己总是留恋难舍地倾心于你的笔触之下所产生的那种合乎我心意的曲调。如果你的歌停止了，那么我的精神生活也就要中断。我的话说得有些夸张，但你知道，这是出于一片真诚。请采纳我的意见吧！希望你振作起来，运用你所熟悉的那些描写人物心理的手法，发挥你的美妙如诗的才能，完成你的剧本吧！

尽管我们一天天变老，但我们不会拒绝能使心灵得到满足的东西。我觉得，有时你仿佛在暗自思量，以为自己已无用，请相信我，充分相信我的话吧，你完全错了。而且不说我们这一辈人，就连年轻的一代也很需要你的新作。我是多么希望能够在你身上激发这种信心啊！

契诃夫的责任感也使他不能放下纸笔，就此罢休。实际上他早已在酝酿写一出新剧，并积累了一些素材，只是没有告诉任何人。后来，《未婚妻》脱稿后，他想趁创作激情未消，全力写作新剧，并构思完成了剧本的主题、人物和框架，定名为《樱桃园》。

这出戏的写作对契诃夫来说，有更多的困难。它与写小说不同，剧中台词、人物对话的个性化，相互衔接，都很费脑筋，更主要的是它完全写的是新题材，新人物，所以进展很慢。

同时，气候和病痛给契诃夫带来很大干扰。有时，一天里只写几行，他就支持不住了。望着书桌上摊开的手稿，他异常痛苦。他不仅咳嗽、咯血，而且常常头痛，还有突发性的心跳间歇和痔疮等病。他的咳嗽越来越厉害，经常通宵不断。

母亲在隔壁听得清清楚楚，她也和儿子一样彻夜未眠。有时母亲或玛丽雅看到契诃夫闭着眼靠在沙发上，就不安地问："不舒服吗？安托沙？"

契诃夫睁开眼睛，平静地回答："没什么，就是头有点儿痛。"

这年雅尔塔气候恶劣，狂风怒号，树木都被吹弯了。屋里阴冷，契诃夫只好来回走动。他试着在卧室写，后背被火烤得很暖和，可是前胸和两臂还是冰冷的。他抱怨这是一种"充军式的生活"。

契诃夫在雅尔塔感到孤独和寂寞，他想念艺术剧院，想念莫斯科，他在信中向丹钦科说："这里沉闷得真可怕，工作时还感觉不到，可是一到夜晚忧郁便涌上心头。在你们演完第二幕戏时，我已经上床了。早晨醒来一看，天还是黑的。你想象一下风不停地呼啸，雨点打在窗上的那幅情景。"

他很想到莫斯科去完成《樱桃园》的创作，但医生不允许他外出旅行。他便写信给奥尔加，要她请假到雅尔塔来。但奥尔加要随团去圣彼得堡巡回演出，脱不了身。他们两人都没有行动自由。

他只好只身一人留在海边城市。天气晴朗的时候，他便去庭院里走动，带上两只狗，查看一下树木，看仆人修剪玫瑰树枝，然后坐在一条长凳上凝视大海，沉思默想。

那时高尔基、布宁和库普林又来到雅尔塔，时常到别墅跟他闲谈，为他解闷。他的情绪仍然不好，听朋友谈话时总是心不在焉、脸色灰暗、神情呆滞，再没有过去的那种对生活的温馨和对朋友的热情。他给奥尔加写信，抱怨来访的客人多，待的时间太长，他恨雅尔塔，恨那些不知趣的来访者。

这年7月，契诃夫和奥尔加在一位好友位于莫斯科郊区的别墅里度过了两个月后，回到了雅尔塔，又开始紧张的创作。他决定10月份完成《樱桃园》，以便在下一个戏剧节上演。

雅尔塔这时正是明媚的春天，别墅里到处花团锦簇，姹紫嫣红，丽日临空，海风习习。但家庭中却没有春天那样和谐优美。奥尔加任意支配着丈夫的生活，命令他每天换衣，监督他的饮食，强迫他每天洗一次冷水浴，断言冷水浴可以使他身体强健。

玛丽雅和母亲总是以责备的目光注视着这种温和的家庭专制。奥尔加则向契诃夫抱怨，说她一来就有那么多的麻烦事。

艺术剧院不时给奥尔加写信，询问剧本写作进展情况。奥尔加不仅在日常生活方面指挥契诃夫，而且总是站在他身后，督促他写作，唠叨艺术剧院秋季要上演。

契诃夫写信给剧院表示歉意，说剧本还未写好，进展很慢，原因是自己懒惰、天气诱人和主题困难，而丝毫没有提及健康原因。

其实，这时他的病还在恶化，身体继续虚弱下去。奥尔加走后，有时竟两三天卧床不起，不能动笔。稍微轻松一点，他就硬撑着提起笔来。但每天仍只能写几行字。他给奥尔加写信说：

　　我很拖拉，实在拖拉，正因如此，我才觉得写剧本真是一件庞大工程，它使我恐惧，我简直无能为力。

10月12日，契诃夫终于舒了一口长气，并立即写信给奥尔加：

　　亲爱的，你我的长时间忍耐万岁！剧本完成了，全部完成了。明天晚上或者最迟14日早晨即将寄到莫斯科，同时我还要寄给你一些注释之类的东西。这个剧本最糟的不是一气呵成，而是断断续续写了很久很久，因而不能不使人感到有点拖，写戏对我是多么困难啊！

奥尔加正望眼欲穿地等着丈夫的剧本，那天剧本手稿寄到时，她还没起床。她在床上用颤抖的双手把它拆开，画了3次十字，一口气读了下去，贪婪地仿佛要将它吞掉。

奥尔加在泪流满面中读完了剧本，她满意得不得了，马上捧着剧本跑到剧院。

演员们听说剧本寄来了，顿时围拢上来。大家关好门，围坐在丹钦科身边，带着虔诚和神圣凝神静听他朗诵剧本。

莫洛佐夫迟到了，他恳求把剧本借给他看一个晚上。

5天以后，丹钦科给契诃夫发去电报，称《樱桃园》是他最优秀的剧本，也是最新颖、最有特色、最富诗意的作品：

> 我刚刚读完您的剧本，深感震惊。直至此刻尚未完全清醒过来。我发觉自己处于前所未有的陶醉状态中。我认为这是您的全部杰作中最精彩的一部。我由衷地庆贺天才的剧作家。每句台词都使我有所感受，让我觉得珍贵。感谢您使我每读一遍都能得到精神上的最大享受。

随后，斯坦尼斯拉夫斯基也拍去电报，说：

> 全院听完您的剧本，剧本获得极大的、光辉灿烂的成功。听众从第一幕就被吸引住。每一个细小的地方都耐人寻味。我的妻子跟大家一样十分喜爱它。还没有一部戏像它这样被我们一致快乐地接受。这个剧本比你写过的所有优秀的作品更胜一筹。谨向天才的作者致以衷心的祝贺。

该剧是讲一座古老的庄园，庄园主人朗涅夫斯卡雅和他的哥哥夏耶夫濒于破产，宅地将被剥夺，而他们却各自沉湎于幻想，耽于音乐，不去做任何实事以摆脱困境。

他们留恋在这所乡间别墅度过的时光，留恋住房和樱花，无忧无虑，但他们没有保住那些珍贵东西的计划，不愿作出任何决定，总是把不喜欢做的麻烦事推向明天，甚至不愿去看望他们很富有的姨妈，而把希望寄托在出现一个摆脱烦恼的偶然机会上。

两位年轻人阿尼娅和特罗菲莫夫则兴高采烈地迎接樱桃园的破产。在樱桃园的拍卖最后决定之时，他们正在举行联欢会，大家把变卖财产的阴影置诸脑后，饮酒寻欢，乐而忘忧。地产的买主陆伯兴是一位粗暴、果断、务实的商人，他是"一个看见什么就吞什么的吃肉野兽"。他计划把樱桃树通通砍掉，把地皮分成几块，然后盖上别墅出售。

庄园出卖了，樱桃树被砍了，过去的一切全都过去了，代替它的将是全新的生活。

这个剧本之所以说是最新颖、最有特色、最富诗意，是因为低沉的悲剧主题和轻松的喜剧人物形成了鲜明的对比。而且它与契诃夫的其他剧本相比，这出戏虽然缺乏情节，但却产生出悲剧性的紧张气氛，寓意深刻、冷漠无情的日常对话带来的魅力深深打动了观众，他们不再希望出现任何新的高潮，甚至担心发生什么突然事件打扰外省生活的宁静，都有一种"但愿樱桃园不要被卖掉"的心情。

契诃夫以细腻的、温和的讽刺和出色的抒情方法，赋予了全剧特别的情调。他也成为抒情喜剧、社会轻松喜剧独特风格的创造者。

剧本《樱桃园》受到艺术剧院的极高的评价，使契诃夫的焦急不安的心情稍有些缓解。

他很担心，由于自己远离莫斯科，他的剧本会不会被别人做出错误的理解而搞得面目全非。演出的成败对他有着直接的影响，但他又不能参加上演前的准备工作。

他在给奥尔加和斯坦尼斯拉夫斯基的信中，表明了自己对导演、布景和人物心理分析方面的意见，并提出演员阵容的建议名单。但他也知道，如果他不在场，别人是不一定听他的建议的。

契诃夫急于要去莫斯科。但是，医生阿尔特舒勒再次命令他取消一切活动，因为他的身体健康急剧恶化，穿衣都累得气喘吁吁，一件大衣穿在身上都感到难以支撑。在花园里走上几步就会气喘、耳鸣、心跳，只得停下来。坐下写作，时刻要停笔，胸部被咳嗽震得像要破裂一般。进餐时，一看见食物就恶心。

1903年12月2日，契诃夫瞒着阿尔特舒勒，偷偷地急匆匆地起程上路了。当阿尔特舒勒医生发觉后，心急如焚，高喊："这简直是自我毁灭！"

契诃夫到达莫斯科之后，立即参加了《樱桃园》的彩排。正如他所预料的，剧院在对剧本的精神实质理解方面与其发生了根本分歧。

契诃夫多次申明他写的是一出喜剧，甚至是一出"笑剧"。并一再强调："最后一幕戏必然是欢乐的，整个戏都是欢乐的，不管我的这个剧本多么枯燥，它里面总有些新东西。顺便说说，在整个剧本里没有一声枪响。再说一遍，我把这个剧本定为喜剧，喜剧！"

而斯坦尼斯拉夫斯基则认定是一出社会悲剧，认为剧本再现了农村小贵族阶层在新兴的庸俗的顽强而又胆大妄为的资产者面前日益走向没落的悲惨结局。他认为此剧的表演"不应该让人发笑，相反，应该让观众哭泣"。

契诃夫生气了,他向斯坦尼斯拉夫斯基解释自己的构思和剧本内在的精神实质。最终剧院认识了自己的错误,双方定下基调:喜剧是对悲剧的讽喻,是喜剧性的。

在彩排期间,契诃夫参加了剧院的新年宴会。宴会结束后,人们把桌椅拉开,开始跳舞。

高尔基和契诃夫坐在一旁。契诃夫不断逗乐,高尔基大笑不止,以至两人都咳嗽起来。契诃夫微笑着说:"人们也许会说,两位作家彼此用有滋有味的咳嗽愉快地度过了一个美好的夜晚。"

《樱桃园》的首演被定于契诃夫生日的前夕,1904年1月17日。莫斯科文艺界和艺术剧院早就计划举行契诃夫创作25周年纪念活动。正巧1月18日又是契诃夫的44岁生日。于是斯坦尼斯拉夫斯基决定把三大活动,即《樱桃园》首演式、作家诞辰和从事创作25周年结合在一起进行。

确定的日期临近了,需要考虑庆祝会的开法和给契诃夫赠送礼物的事。这是一个难题。斯坦尼斯拉夫斯基派人跑遍了所有的古董商店,但是除了华美的刺绣和珍贵的纺织品外,一无所获,只好用刺绣品做一个花环送给他。

他们决定在《樱桃园》第三幕与第四幕之间的休息时刻,安排一些演讲与赠礼。于是,当天许多文学界、戏剧界与学术界的显要人物都带着礼品与赞扬词的草稿,前来艺术剧院。

《樱桃园》首演式开始,第一二幕演出的效果都很好。但正在这时,他们却发现契诃夫根本不在剧院里。这不仅仅是因为身体原因,主要的原因还是契诃夫不愿接受任何官方的荣誉;每次遇到类似的场合,由官方颁奖给某某人时,他都觉得很尴尬。何况这次轮到自己呢!后来维思洛夫斯基教授亲自登门,许多朋友又费了好大的力气，才勉强使他离开住所来到剧院。

第三幕接近结束时，契诃夫被请到台上。喜剧演员和莫斯科主要文学团体的代表都已聚集到那里。

契诃夫站在第一排，眼前的大厅里座无虚席，人们向他狂热地鼓掌欢呼。其中有许多人先前并没有见过契诃夫，但却热爱他的作品，现在更是欣喜若狂了。

观众看到自己爱戴的作家脸色惨白，不停地咳嗽，心里十分难过，纷纷向他呼喊："您快坐下来！""快拿椅子来！"

可是契诃夫皱了皱眉，继续站着，他觉得这是最起码的礼貌。他显得又高又瘦，两只手不知放在哪儿才好。

庆祝仪式开始了，首先是赠送礼品、花束和花环，接着是致祝辞。

首先是维思洛夫斯基教授讲俄国文学，接着女明星费度托维代表莫斯科小剧院致辞；此外，还有不少报纸杂志的代表赞美契诃夫的成就，因为他的文稿在他们的刊物上发表过。从全俄四面八方送来的贺信和贺电，也在会上宣读，称誉他的作品的永恒的意义，以及他对俄国文学和俄国社会作出的巨大贡献。

最后，丹钦科在贺词中说：

> 我们的剧院对你的天才、你的慈爱的心、你的纯洁的灵魂的感激已达到这样的程度，以至于你有权利说："这是我的剧院，这是契诃夫剧院！"

那些颂扬备至的讲话持续了将近一个小时，面无血色的契诃夫一直坚持站立在强烈的灯光照耀下。当最后一次喝彩结束时，契诃夫已疲惫不堪，他连一句感激的话也没有说就离开了。

斯坦尼斯拉夫斯基在谈到契诃夫对莫斯科艺术剧院的意义时说："我们不能没有契诃夫，正如不能没有普希金、果戈理、格里鲍耶陀夫、谢普金一样。这是支撑我们艺术殿堂全部重量的主要支柱。从这些主要支柱中抽出一根，建筑物就会倒塌，那时就只有等待新的契诃夫们来重新建筑了。"

纪念会开得很隆重，但是却没有人感到真正的快乐，大家的心情都很忧郁。虽然场面确实是轰轰烈烈的，但是就连最呆钝的观众当时也可以看出来，契诃夫为此感到身心俱疲，给人留下了沉重的印象，好像有点是举行葬礼的气氛。

英年早逝

在莫斯科度过一个愉快的冬天之后,契诃夫于1904年2月回到雅尔塔。但他又患了胸膜炎,经过两个多月的治疗、调养才有所好转。

这时,大哥亚历山大带着妻子、小儿子和奶妈,来克里米亚度假一个月,就住在邻近的别墅里。契诃夫高兴地看到,亚历山大不再酗酒,也不再胡言乱语,而是恢复了早年的英姿,他说话很有趣。

1904年的春天来到了,《樱桃园》演出成功的喜讯频频传到雅尔塔,但对契诃夫的身体健康于事无补。契诃夫看完演出之后,他一下子变得无所事事,就像剧中人所说的:日子飞快地过去了,而生活好像还没有开始。

4月20日,契诃夫在日记中写道:

> 我又患肠功能障碍和咳嗽,而且已经持续了几周;我觉得这一切多半是此地气候造成的,这种气候我既喜欢又蔑视,就像既喜欢又蔑视那些漂亮但下流的女人一样。

虽然病情加重但他仍像过去那样，密切注意着国内发生的事件，忧虑地关怀着日俄战争的发展。如果健康允许就赴前线当医生。他脑子里盘旋着以后的写作计划，打算写一些新的短篇小说，写个剧本和一组通俗喜剧。快到开春时，他又盼着到莫斯科郊外别墅去。

5月3日，契诃夫又到了莫斯科，由于途中感冒，一下子又病倒了。经会诊胸膜炎开始加重，胃部出现了不良症状，肠道也受结核感染，奥尔加请来了自己的家庭医生、德国人陶贝医生，他建议契诃夫去德国巴登维勒疗养。

奥尔加日夜守护着他，契诃夫刚能拿笔，就给斯列金医生写信：

> 妻子守候在生病的丈夫床前，我太幸福了。我从未见过这么好的护士。这说明我结婚是件好事，好极了。否则，我真不知道现在会是什么样子。

契诃夫作为医生，他对那不可避免的一切都清清楚楚。他决定采纳陶贝医生的建议。随后，他与阿尔特舒勒返回雅尔塔。去国外的准备工作开始进行，订好了他自己与奥尔加去柏林的火车票。

朋友们纷纷前来祝贺他们一路平安。朋友们看到在短短几个星期里病人的外貌发生了很大变化，这使他们大为吃惊。

契诃夫穿着一件不是外套又不是长衫的衣服，坐在沙发上，头和背靠着枕头，腿上盖着一条大绒布，枯瘦的面颊没有一点丝色。

契诃夫对来看他的作家捷列绍夫伸出一只苍白得像蜡一样的手说："我明天就要走了，永别了，我将死在那里。"

捷列绍夫安慰他说："到了巴登维勒会慢慢康复的。"

从契诃夫的目光中，大家看出，他正以听天由命的态度接受命运的安排。

当捷列绍夫准备起身告辞时,契诃夫喃喃地说:"请告诉布宁,他应该写作,继续写作。他一定会成为一个伟大的作家。好了,别忘了把这些话转告给他。"

6月3日,契诃夫和奥尔加离开莫斯科,6月5日抵达德国。

巴登维勒是一个小水城,位于黑森州的西部边缘,距巴塞尔40千米。这里恬静清洁、景致一般,对契诃夫来说则是个理想的疗养地。

在巴登维勒最初几天,契诃夫觉得好了一点。6月13日,他给母亲和妹妹写信说:"这里阳光和煦,轻风拂面,太阳并不烤人。我的身体好多了,说不定再过一个星期就能痊愈。"

奥尔加看到丈夫的病情有所好转,脸色也渐渐晴朗了,心中充满了希望。

契诃夫对一直守着自己的妻子说:"你去牙医那里看看那颗火牙吧,我一个人就可以了。"

奥尔加高兴地答应了。她看过牙医之后,还到弗里堡商店为契诃夫定做了一套白色法兰绒西服。

但是一个星期以后,一股热浪袭击了巴登维勒,在沉闷、潮湿的天气里,契诃夫的病情出现反复,他又心情烦躁起来,要求更换环境,于是搬到了疗养地最高级的旅馆索曼尔旅馆。

6月28日,契诃夫感到精神好些,便靠在椅背上写了两封信。在给玛丽雅的信中写道:

> 此地突然大热,我热得喘不过气来,幻想离开这里,可是到哪儿去呢?想到意大利的柯莫去,但那里的人也纷

纷跑出来避暑。欧洲南部到处炎热难忍。想乘船从特里斯特到敖德萨去，可是又不知在目前这种季节是否可能。

6月29日傍晚，契诃夫的病情突然严重发作，为了维持心脏跳动，减轻疼痛，医生给他注射了吗啡，输了氧。后来脉搏跳动恢复了正常，总算平安地度过了一夜。

第二天，疼痛再次发作，契诃夫苦不堪言。

7月1日，又经过了一天的痛苦和不安之后，契诃夫似乎感觉好多了，心脏状况良好，整天平安无事。傍晚时分，他叫奥尔加到旅馆的花园去散散步，因为几天来奥尔加一直守候在他的床前，她太累了。

奥尔加从花园里回来，契诃夫问她为什么不下楼去餐厅吃晚饭，她说还没有敲锣呢，其实锣是敲过了，只是他们谁也没有听见。

于是契诃夫像往常一样，手捻胡须，临时编造出一个故事来：

"在一个非常时髦和阔气的疗养地，前来观光的有保养得很好的胖胖的银行家和身强力壮、面色红润的英国人和美国人，他们都爱吃精美的食品。他们吃饱喝足之后就去游山玩水，到郊区游玩了一整天。晚上回来后，饥肠辘辘，食欲大振，兴高采烈地回到旅馆餐厅，希望累了一天可以美美地品尝一顿美味佳肴。谁料厨师失踪了，当天不供应晚餐。他们什么也没吃上，饿得受不了了，只好去吃猪食。"

故事还没讲完，奥尔加坐在沙发上，已经笑得直不起腰来了。

经过 3 天的焦虑不安，这时才稍稍有所放松。

契诃夫渐渐入睡，卧室里十分闷热。他呼吸短促，但面部表情仍然很安详。但刚过半夜，他就醒来了，突然要找医生，这是他有生以来第一次向妻子提出这样的要求。

霎时间，奥尔加感到事态严重，她一时不知所措，在这样一个大旅馆里，住着的人很多，但都是陌生的，而且都入睡了。她感到孤立无援。她考虑了片刻，想起有两个俄罗斯大学生也住在这个旅馆里，便赶忙去把他们叫醒。请一位去找医生，自己去凿冰、装冰袋，好放在垂危的契诃夫胸口上。

在 7 月闷热而宁静的夜晚，她连那位大学生跑到远处去的脚踩出来的"沙沙"响声都听得很清楚。

医生来了之后，契诃夫告诉医生："我不行了，不必打发人去取氧气，等氧气取来我已经魂归地府了。"

他又转身对妻子说："亲爱的，你也不必把冰块放在一颗已经枯竭的心灵上了。"

医生立刻给他注射了一针樟脑剂，但是心脏仍没有反应，于是医生吩咐拿香槟酒来，契诃夫坐起来，接过酒杯，转身对着奥尔加，带着一丝苦笑说："我很久没有喝香槟了。"

他慢慢地喝干了那杯酒，侧身向左边躺下，不一会儿就停止了呼吸。就这样，契诃夫按照平时的简单方式，结束了他的一生。

那是 1904 年 7 月 2 日，时钟指向凌晨 3 时。一只粗大的黑色飞蛾从窗外飞了进来，扑向油灯，在遗体周围飞来飞去，打破了夜晚可怕的宁静。

医生对奥尔加说了一些安慰话以后便离去了。夜显得更加寂静而闷热，突然发出一声巨响，把奥尔加吓了一跳。原来是那瓶没喝完的香槟酒的瓶塞绷了出来。黑色夜蛾又飞出敞开的窗户，消失在闷热的夜色中。

黎明终于到来了，大自然苏醒了，传来了温柔可爱的像是第一支挽歌的鸟雀鸣叫声和附近教堂里的琴声。

奥尔加目瞪口呆，两眼盯着丈夫那安详微笑的面孔，好像他已经看破了红尘。她说道：

"他再也听不到人世间的任何声音。没有日常生活的喧闹，只留下逝者的美德、宁静和崇高的形象。"

过了几天，契诃夫的遗体才转运到莫斯科。那天，许多人聚集在尼古拉车站迎候护送契诃夫遗体的列车，他们中有契诃夫的朋友、大学生、教师、演员、文艺界人士。高尔基站在迎候人群的前面。

送葬的队伍在行进中不断扩大。人们脱帽致敬，在胸前画着十字祝福。大学生们手挽手组成一堵人墙，阻止好奇的人涌上马路。沿途的有轨电车及其他机动车都停止行驶。

7月9日，在艺术剧院和《俄罗斯思想》杂志大楼前停下来举行了简短的宗教葬礼。契诃夫被安葬在新处女修道院，墓穴安排在他父亲的墓侧。

契诃夫的母亲、妹妹和妻子悲痛万分。当棺材放入墓穴后，人们安静下来，大家唱起安魂歌《永恒的回忆》，每人往灵柩上撒一把土。接着开始填坑，鲜花和花圈堆满了墓穴，契诃夫就在这花海之下永远长眠了。

第二天黄昏时候，亲人们、朋友们去契诃夫墓地做礼拜。坟墓周围，老菩提树默默伫立，在阳光下显示一片金黄。契诃夫的母亲、妹妹和妻子奥尔加的说话声里带着平静的温柔的悲痛和哀伤，所有到场的人的心里都充满无尽的怅惘。

契诃夫的母亲在玛丽雅和奥尔加的搀扶下，绕着坟墓走了一圈，向儿子再一次告别。这时作家库普林走到她跟前，默默地吻了她的手。她用疲倦的微弱的声音说："天哪！安托沙离去了，这是我们多大的不幸啊！"

亲人们参加完在莫斯科的葬礼之后，回到了雅尔塔，奥尔加取出了早在1901年8月3日，契诃夫在他结婚两个多月后就立下的遗嘱：雅尔塔的别墅、现款和戏剧作品的收入，留给妹妹。给妻子的是古尔祖弗一座不大的庄园和部分现款。此外玛丽雅还得把部分现款分给亚历山大、伊凡和米舍尔以及另外两位亲戚。

契诃夫还给妹妹写道：

在你和母亲百年之后，除剧本收入外，其他全部交由塔干罗格支配，用于民众教育事业开支。剧本收入则给伊凡，伊凡百年后，也交给塔干罗格政府同样用于民众教育事业开支。我答应赠款100卢布给梅里霍沃的农民，用于修筑公路。要帮助穷人，爱护母亲，和谐度日。

直至临终，契诃夫还念念不忘自己的故乡。他对梅里霍沃也没有忘记。

玛丽雅被哥哥的信任深深感动，她擦干眼泪，振作精神，决心把这座别墅用来纪念她亲爱的哥哥，使它成为俄罗斯伟大作家契诃夫的纪念馆。

她亲手布置每一间房间，使它忠实地反映出契诃夫当年的生活和工作情况。

契诃夫的英年早逝，是巨大的不幸，不仅对契诃夫的家人，对全俄罗斯人民、世界人民也是巨大的不幸。

然而，契诃夫的名字，将会与他的作品、他高尚的品格一样永垂不朽！

附：年　谱

1860年1月17日，诞生于塔干罗格市。

1867年，入希腊教会附属学校，一年后退学。

1868年，入塔干罗格预备学校。

1869年，入塔干罗格古典中学。

1873年，初次进剧院看戏，看了《美丽的叶莲娜》。

1876年，父亲店铺破产，全家迁莫斯科，独自在故乡读中学。

1877年，复活节的休假日第一次去莫斯科。试写第一部戏剧。

1879年，中学毕业，以"安托沙·契洪特"为笔名开始写作。

1880年3月9日，第一次公开发表作品：短篇小说《一封给有学问的邻居的信》和幽默小品《在长篇、中篇等小说中最常见的是什么》。同年考取莫斯科大学医学院。

1884年，出版第一部短篇小说集《梅尔帕米娜的故事》。大学毕业，获医学博士学位。开始在兹威尼哥罗德等地行医。

1885年12月，在圣彼得堡结识新闻界巨头、《新时代》报社社长苏沃林，并开始合作。

1886年，被老作家葛里高乐维奇称赞为"具有真正天才"。

1887年4月，独自离开莫斯科回故乡塔干罗格及顿涅茨大草原漫游两个月，第三、第四部短篇小说集相继问世。荣获"普希金奖金"。11月19日，署名契诃夫的多幕剧《伊凡诺夫》在莫斯科首次公演。

1888年，中篇小说《草原》发表，10月，开始咯血。

1890年4月，从莫斯科起程赴库页岛旅行，7月抵达，调查囚犯生活，10月回程，12月抵达莫斯科。

1891年春，赴西欧旅行。游历意大利、法国。夏，在波基莫波田庄整理《库页岛》。开始写《决斗》《女人们》。

1892年，在莫斯科郊区买下"梅里霍沃庄园"。创作了杰出中篇小说《第六病室》。

1893年，发表速写集《库页岛》。

1895年，探访托尔斯泰。经典剧本《海鸥》完成。

1896年，赴高加索之旅，在诺沃肖尔基村兴建小学校。写出《带阁楼上的房子》《我的一生》。

1897年，肺结核病恶化，迁南方雅尔塔疗养，建诺弗塞尔基小学。写多幕剧《万尼亚舅舅》和小说《农民》《在故乡》《马车上》。

1898年，父亲亡故。在雅尔塔购地建新屋。12月17日，《海鸥》在莫斯科艺术剧院演出成功。

1899年，移居雅尔塔。与苏沃林决裂。《万尼亚舅舅》上演。

1900年，与高尔基会面。与托尔斯泰、柯罗连科一起被选为科学院文学部名誉院士。4月，莫斯科艺术剧院来雅尔塔办戏剧节。与奥尔加确定爱情关系。年末病情恶化往尼斯避寒。

1901年，《三姐妹》上演。5月25日与奥尔加在莫斯科结婚。

1902年,发生"高尔基事件",与柯罗连科联合致信科学院院长请求辞去科学院名誉院士以示抗议。短篇小说《未婚妻》出版。

1903年3月,《新娘》完成。作品16集出版。10月12日,完成喜剧《樱桃园》创作。

1904年1月17日,《樱桃园》上演,首演式上同时举行契诃夫诞辰和从事创作25周年庆祝会。

1904年7月2日晨逝世。葬于莫斯科诺弗·狄威哲墓地。